위로가 될 때

식물이 ——

**일러두기**

식물의 이름은 병기를 했으며 학명은 괄호로 처리했습니다.

# 식물이 위로가 될 때

불안, 우울증,
불면증으로부터

마음을
회복하는 힘

케이티 쿠퍼 지음
신솔잎 옮김

빌리버튼

# 토마토를 키우며 달라진 마음

심리치료사로 일하며 만난 한 내담자가 있었다. 그는 어린 시절부터 정신병원 입퇴원을 반복했을 정도로 상태가 굉장히 심각했고, 오랜 기간 학대를 받은 탓에 정신 분열, 자해, 자살 충동에 시달렸다. 중증 환자였기 때문에 만나는 횟수도 잦았다. 치료의 목표는 내담자의 파괴적 충동을 다스리고, 부정적인 정서를 조절하며, 회복력을 높여 주변 사람들과 긍정적인 관계를 형성하는 것이었다.

6개월쯤 되었을 무렵, 치료에는 진전이 없었고 제자리만 맴돌고 있다는 생각이 들었다. 우리 둘 사이의 신뢰는 높아졌으나, 그녀가 높이 세운 마음의 벽에 가로막혀 내가 보내는 긍정적인 메시지가 끝내 도달하지 않을 것 같다는 두려움이 찾아왔다. 내 상황을 전해들은 상사는 내담자가 식물을 하나 들여 집에서 직접 돌보게 하면 어떻겠느냐는 놀라운 조언을 건넸다. 내담자에게 말을 꺼내자 그녀는 토마토를 선택했다.

치료 시간에는 토마토를 기르는 이야기와 그녀가 정성을 다해 식물을 돌보며 느끼는 보상에 대해 이야기를 나누었다. 나무는 점점 자라 열매도 맺었다. 내담자의 태도와 행동에서도 작지만 의미 있는 변화가 찾아왔다. 식물을 돌보고, 자신의 돌봄이 어떤 결과를 가져오는지 직접 확인하면서 치료에도 좀 더 수용적인 태도를 보였고, 자신에게도 전보다 따뜻하게 대했다.

이 내담자를 치료하며 세 가지를 깨달았다.

첫째, 식물은 심리 치료의 도구로 활용될 잠재력이 있다.

둘째, 식물은 사람에게 회복 효과를 전해준다.

셋째, 우리는 사람이나 반려동물 외에도 살아있는 생명체와 의미 있고 가치 있는 관계를 형성할 수 있다.

이와 동시에 사회문화적 관점에서 식물과의 단절이 정신 질환 발병을 높이는 데 직접적인 연관이 있는지 궁금해졌다. 타인과의 관계가 정신 건강에 미치는 영향은 널리 연구되고 있다. 인격 형성기에 기능적 관계를 경험하지 못한 경우 정신 질환의 위험이 크게 높아진다는 것이 정설이다. 과연 이 이론이 인간 대 인간이 아니라 인간과 다른 생명체의 관계에도 적용되는지 궁금했다. 역기능적 환경에서 살아가는 것이 정신 질환을 일으키는 요인으로 작용할까?

개인적인 호기심에서 출발했지만, 결과적으로 이 책은 식물과 인간의 웰빙에 대한 다양한 과학적, 철학적 관점을 들어 자연이 우리에게 어떤 의미인지 폭넓게 접근하고 있다. 또한 우리의 웰빙을 높이기 위해 자연과의 단절을 회복할 방법도 논한다.

이야기의 배경을 먼저 제시하고자, 서두에서는 인간과 자연의 관계를 진화적인 관점으로 설명하며 우리의 웰빙과 자존감에 자연이 얼마나 필수적인 역할을 하는지 살펴본다. 현대 시대에 접어들어 특히나 서구 문화에서 두드러지게 나타나는 자연과의 분리와 이 단절로 벌어질 수 있는 정신 질환에 대해 집중적으로 다룬다. 진화학, 철학, 심리학의 연구 자료를 토대로 자연과 함께하는 삶의 의미와 중요성을 살펴볼 것이다.

그 다음으로는 과학에 대해 깊이 다루겠다. 요즘에는 인터넷에서 얻은 정보를 신봉하는 경향이 깊은데, 사실은 이런 정보는 한낱 미화된 이야기에 그칠 때가 많다. 이런 점에서 식물과 건강에 대한 최신 연구 자료를 밀도 있게 다루는 것이 반드시 필요하다. 다양한 과학 연구 결과를 바탕으로 식물과 함께하는 삶에서 우리가 기대할 수 있는 환경적, 생리적, 심리적 이점을 설명했다.

3장에서는 우리가 식물에 긍정적인 반응을 보이는 이유를 파헤친다. 이 과정에서 자연이 우리에게 주는 혜택을 좀 더 분명하게 체감할 수 있다. 인간이 얼마나 진화적 유산에 반하는 삶을 살고 있는지, 그것이 우리에게 얼마나 해로운 영향을 끼치는지도 새삼 깨닫게 될 것이다. 우리에게 긍정적인 반응을 일으키는 자연의 특징과 요소를 들어 자연이 우리의 몸과 마음을 어떻게 회복시키는지 살펴보겠다.

4장에서는 자연이 주는 이점을 직접 체험할 수 있는 실제적인 방법을 제시하며 정신 분석적 프레임워크 내에서 심리학자로서 내 경험과 생각을 밝힌다. 좀 더 정확히는 '대자연 어머니'와 애착 이론 내 어머니 역할 간의 공통점을 지적하고, 점차 자연과 단절되는 이 시대의 삶이 정신 건강 문제에 어떤 영향을 미치는지 설명했다.

이 책을 쓰면서 우리가 자연에서 얼마나 멀어진 삶을 살게 되었는지 깨닫고는 절망하곤 했다. 이 세상과 자연 속 인간의 역할을 보는 현대 사회의 시각을 조금이나마 바꾸려면 자연과의 단절이 불러오는 문제를 합리화하지 말고 마음 깊이 느끼고 깨달아야만 한다. 결국 합리화란 그럴듯한 방어 기제일 뿐이다. 개인이 자연과의 관계를 되돌아보고 자신의 가정에 자연을 조금씩 더하는 소소한 방법을 실천하는 것이 변화를 위한 시작이라고 믿는다. 집 안에 자연을 불러오기 위한 방법을 제시하고자 에필로그에서는 내가 생각하는 '식물로 마음챙김 하는 법'을 설명하고, 식물과 자연에 좀 더 가까운 삶을 시작하는 데 도움이 될 만한 실용적인 조언과 3단계 가이드를 제안했다.

이 책을 통해 독자들이 식물과 함께하는 삶을 새롭게 고찰하고, 이를 달성할 수 있는 실용적인 방법을 수용하여 식물이 인간에게 전해주는 웰니스(신체적·정신적·사회적으로 건강한 상태) 혜택을 경험하기 바란다.

1장

## 식물과 거리가 멀어졌다

자연과의 단절은 반드시 우리에게 해로운 영향을 미친다. 기후 변화, 천연자원 고갈, 생물종의 멸종이 모두 증거다. 이 문제의 심각성을 아는 사람은 많지만, 환경에 찾아온 비극을 진정으로 느끼거나 공감하는 사람은 극히 드물다. 왜 그럴까? 합리적인 지성의 관점에서 인간을 자연의 일부로 보지 않기 때문에 자연에 벌어지고 있는 변화를 체감하지 못하는 것이다.

사람들은 직관적으로 자연과 함께하는 것이 자신의 건강과 웰빙에 좋다는 것은 알지만 왜 그런지 정확히 아는 사람은 거의 없다. 도시화 과정에서 지구의 생태계는 희생되었다. 우리가 수천 년 동안 적응하며 살아왔던 자연환경에서 분리된 삶을 사는 지금, 식물과 사람의 관계를 이해하는 것은 그 어느 때보다 중요해졌다. 구체적으로 우리가 과거에 식물과 어떤 관계를 맺었고, 현재는 어떻게 달라졌는지, 이 관계의 변화가 개인에게 어떤 의미를 지니는지 깊이 생각해 볼 때다.

## 사람과 자연을 떼어놓다

인간은 오랫동안 자연에 의지해서 살아왔다. 자연은 우리에게 먹을 것, 입을 것, 살 곳을 제공했으며 심지어 몸이 병들거나 다쳤을 때 치유하는 역할도 했다. 아름다운 자연은 인간의 생명줄이 되어주었다. 그러나 최근 들어 자연과의 관계는 약화되었고, 자연이 인간에게 얼마나 필요한 대상인지 잊어버린 것 같다.

안타깝게도 대다수 사람들이 자연보다 과학기술을 가까이하고 주로 실내에서 생활한다. 여가와 위안, 편의를 제공하는 전자기기가 가득한 집의 형태는 선사 시대의 선조들은커녕 겨우 100년 전에 살았던 사람들에게도 완전히 낯설 정도로 달라졌다. 휴대전화가 세상에 등장한 지 30년쯤 되었고, 텔레비전은 75년가량 되었으니 인류 진화의 역사로 본다면 인간의 라이프 스타일이 짧은 시간 내 급변했다고 볼 수 있다.

우리의 눈과 귀, 모든 감각을 사로잡는 전자기기로 인해 실내 생활이 늘어난 탓에 위대한 자연 속 삶과 크게 멀어졌다. 이번 주 스마트폰 평균 사용 시간을 한 번 확인해 보길 바란다. 휴대폰 사용 시간이 자연과 보낸 시간보다 최소 다섯 배는 많을 거라고 확신한다.

과거 인간은 자연에 삶을 의존했으나 이제는 자연에 완전히 다르게 접근하고 있다. 우선, 자연을 생존의 근원이 아니라 착취와 소유의 대상으로 삼는다. 한 예로, 이제 우리는 먹을 것을 구하기 위해서가 아니라 물물 교환과 물질적 재화를 구매하기 위해 농사를 짓는다. 둘째로 생활 방식이 '진보적으로' 변화하며 인간을 자연과 구분되는 별개의 존재로 보는 이성적인 시각이 커지고 있다. 자연과의 달라진 관계로 인해 기후와 환경이 대가를 치르고 있다는 점은 누구나 잘 알고 있지만, 인간의 심리와 웰빙에도 영향을 미쳐 이것이 개인의 문제를 넘어서 사회적인 문제로까지 번지고 있다는 사실을 이해하는 사람은 거의 없다.

자연과의 관계가 변화함으로써 우리가 치르는 대가를 얘기하기 전에 인간이란 존재의 기반이자, 자연과의 관계가 달라지는 데 큰 역할을 한 것으로 보이는 인간의 지능과 의식적 사고에 대해 살펴보자.

## 자아를 얻고 자연을 잃다

인류 진화사를 간략하게 살펴보면 자연과의 관계가 전환점을 맞는 시기가 인간의 두뇌 발달과 맞물려 있음을 알 수 있다. 다른 종과는 달리 인간은 진화를 거듭할수록 두뇌가 커졌고 의식적인 사고와 언어도 발달했다. 그 결과, 인간은 스스로 지구의 어떤 종보다 우수한 별개의 존재라고 생각하기 시작했다.

의식적 사고를 통해 우리는 학습하고, 계획을 세우고, 의사소통을 하고, 창의성을 발휘하는 능력을 키웠다. 간단히 말해 이런 사고 기술을 통해 우리가 생존에 더욱 능하게 되었고, 수렵 채집인의 생활 방식에서 벗어나 앉아서 생활하는 형태로 삶이 크게 달라졌다. 과거 우리는 소규모 공동체를 이루어 땅을 일구며 생활했고, 사람들이 함께 모여 사는 것이 안전하다는 것을 배웠다. 작게 시작했던 공동체가 마을, 도시, 언어, 문화를 탄생시켰고, 상품을 생산하기 시작했다.

사람들은 도시로 모여들었고, 도시가 발달하면서 과학기술과 산업은 여러 가지 편의 시설을 만들었다. 그러면서 우리의 삶과 일상은 자연에서 점차 멀어졌다. 이와 동시에 우리는 의식적 사고를 통해 '자아' 또는 '에고'라고 불리는 개념을 정의했고, 특히 서구 문화에서는 지성의 관점에서 인간의 정체성을 우리가 살고 있는 자연과 완벽하게 분리된 개념으로 규정했다.

자아라는 개념이 새롭게 등장하자 우리의 시야는 편협해지고 자신에게만 집중하게 되었다. 삶의 목표는 공동체가 아니라 개인의 성장에 초점이 맞춰졌다. 다시 말해, 사람들은 누가 가장 빨리 달리고, 누가 돈을 가장 많이 벌며, 누가 가장 높은 건물을 짓는지 등 개인의 성취에만 매달리게 되었다.

우리는 쉼 없이 자신의 한계를 넘어서고 타인을 앞서기 위해 내달리는 한편, 전체적인 그림을 파악하지 못한 채 자연과 멀어진 삶으로 어떤 대가를 치르는지 바로 보지 못한다. 그렇다면 이렇듯 단기적이고도 편협한 시각이 복잡한 인간의 정신세계에 어떤 영향을 끼치고 있을까? 많은 사람이 조금씩 깨닫고 있듯이 자연과의 단절은 반드시 우리에게 해로운 영향을 미친다. 기후 변화, 천연자원 고갈, 생물종의 멸종이 모두 증거다. 이 문제의 심각성을 아는 사람은 많지만, 환경에 찾아온 비극을 진정으로 느끼거나 공감하는 이들은 극히 드물다. 왜 그럴까? 합리적인 지성의 관점에서 인간을 자연의 일부로 보지 않기 때문에 자연에 벌어지고 있는 변화를 체감하지 못하는 것이다.

그러나 만약 자연과의 단절이 단순히 생태계와 환경 이상의 문제를 일으키고 있다면? 자연과의 소원해진 관계가 우리의 삶에 부정적인 영향을 끼치고 있다면, 구체적으로는 우리의 스트레스를 높일 뿐 아니라 스트레스가 정신 건강에 발휘하는 파괴력을 더욱 심화시키고 있다면 어떨 것 같은가?

"자연과의 소원해진 관계가
우리의 삶에 부정적인 영향을
끼치고 있다면?"

## 자연이 우리 마음과 연결되어 있다면

정신 건강은 공중 보건에서 중요한 이슈이자 대다수 사람들의 건강에도 중요한 문제다. 우울증과 불안 장애에 따른 문제를 해결하기 위해 매년 유럽에서는 약 1,700억 유로, 미국에서는 2,100억 달러에 가까운 비용을 들인다. 물론 개인의 삶에서도 우울증과 불안은 인생을 끔찍하게 만드는 요인이다.

정신 건강 문제를 일으키는 큰 원인으로 스트레스가 꼽힌다. 실로 세계보건기구WHO는 2030년이 되면 스트레스가 질병의 가장 큰 원인이 될 것이라고 예측한다. 도대체 자연과 단절된 삶이 스트레스와 어떤 관련이 있을까? 자연에서 머무는 시간보다 전자기기를 만지는 시간이 훨씬 많은 우리의 생활 방식이 마음에 어떤 악영향을 끼치는 걸까?

오늘날 '스트레스 받는다'라는 말은 누구나 마땅히 느끼는 일상적인 감정으로 통용된다. 그러나 반드시 스트레스를 받을 필요는 없다. 어떤 상황에서 부담이나 압박을 느끼는 감정 상태를 설명하는 의미로 쓰이고 있지만, 사실 스트레스란 생리적 상태에 가깝다.

스트레스를 생리적 상태로 이해하는 것이 중요한 이유는 현대인의 신체가 도시화와 인지적 사고로 점철된 삶에 잘 적응하지 못했다는 사실을 깨닫는 출발점이기 때문이다. 극심한 스트레스를 받으면 신체에서는 교감 신경계를 활성화시켜 아드레날린과 노르아드레날린과 같은 호르몬을 분비한다. 이는 '투쟁 도피 반응'을 촉발한다.

### 선사 시대부터 이어진 투쟁 도피 반응

투쟁 도피 반응은 선사 시대의 선조들이 검치호랑이의 습격 같은 외부의 위협을 맞닥뜨렸을 때 상당히 유용한 메커니즘이었다. 하지만 스트레스의 원인이 심리적 요인일 때는 이런 생리적 반응이 그리 도움이 되지 않는다. 우리의 몸이 극심한 스트레스에서 회복되는 과정을 생각해보면 문제는 더 심각해진다. 즉각적인 위협이 사라지고 나면 몸은 회복 과정에 접어든다. 부교감 신경계가 관장하는 이 과정은 보통 20분에서 60분 정도가 소요되는데 자연에서 위험을 맞닥뜨린 상황이었다면 충분한 시간이다.

안타깝게도 오늘날 우리가 일반적으로 경험하는 심리적 스트레스는 검치호랑이를 마주한 것처럼 일시적인 유형이 아니다. 우리가 걱정하는 일은 보통 며칠, 몇 주, 심지어 그 이상까지 가는 경우가 많다. 우리 몸의 스트레스 반응은 스트레스 요인과 환경이 변화한 상황에 적응하지 못했다. 투쟁 도피 반응은 대인 관계 문제나 과학기술 남용으로 새로이 등장한 '테크노스트레스technostress' 같이 현대의 스트레스 요인에 대응하는 데 거의 도움이 되지 않는다.

스트레스에 장기적으로 노출되고 교감 신경계가 지나치게 활성화되면 체내 코르티솔 분비가 과다해져 문제가 생긴다. 지속적으로 코르티솔 수치가 높은 사람들은 불안, 우울증, 불면증, 면역 저하, 심장 질환까지 수많은 질병에 걸리기 쉽다는 사실은 이미 널리 알려져 있다.

스트레스를 일으키는 주요인의 변화와 이에 대처하는 우리의 능력 간에 간극이 존재하는 것만은 분명하다. 현대인은 대체로 실내 생활을 하는데, 미국 환경보건국에 따르면 미국인이 실내에 머무는 시간은 평균 93퍼센트, 유럽인은 평균 90퍼센트라고 한다. 이는 야외에서 활동하는 시간이 일주일에 반나절도 되지 않는다는 뜻이다. 더욱이 2050년에는 전 세계 예상 인구 90억 명 중 75퍼센트가 도시에서 거주할 것으로 전망한다. 따라서 사람들은 자신도 모르게 한 가지 난제에 맞닥뜨렸다. 생리적으로 자연에서 생활하는 것이 어울리는 종이 실내에 갇혀 생활하게 되었으니 말이다.

지금쯤 이런 이야기가 식물이나 자연과 무슨 관련이 있는지 의아할 것이다. 우리에게 다행인 것은 자연이 강력한 스트레스 조절 장치 역할을 한다는 증거가 점차 늘어나고 있다는 점이다. 자연에 머물면 스트레스를 낮추고 이완과 회복을 돕는 부교감 신경이 활성화된다. 자연과 동떨어져 생활하며 만성 스트레스에 시달리는 현대인의 경우, 부교감 신경이 제 역할을 하지 못하는 동시에 투쟁 도피 반응은 활성화되어 몸에 지속적으로 부담이 전해지고 있다.

## 스트레스를 조절하는 우리의 힘

물론, 스트레스를 조절할 수 있는 자원이 자연만은 아니다. 우리의 내적 자원*도 있다. 정서와 심리의 건강한 발달에는 우리의 삶에 중요한 의미를 지닌 사람들과의 관계가 중요하게 작용하고, 실제로 인격 형성 시기에는 주 양육자(보통 부모일 것이다)에게서 어떤 보살핌을 받고, 양육자가 우리의 욕구를 얼마나 충족시켜주는지에 따라 내적 자원이 강하게 형성되거나 약화될 수 있다. 저명한 애착이론가인 윌프레드 비온Wilfred Bion에 따르면 유아기에는 타인을 통해 경험을 수용하고 체계화한다. 이 과정에서 안정감과 안전함을 느끼고, 우리 안에 생각과 경험을 처리하는 공간을 마련할 수 있다.

그러나 만약 우리의 내적 자원이 타인과의 애착 관계 이상을 요한다면? 부모와의 애착 관계가 우리의 발달에 중요하듯이 자연계와의 애착 관계도 중요한 것은 아닐까? 조금 더 넓은 관점으로 우리가 '땅의 자녀들children of the earth'이라면 '어머니 대자연mother nature'이 우리 마음의 웰빙에 영향을 미칠 수 있는 것 아닐까? 자연이 우리의 생존에 필요한 외적 자원을 제공할 뿐 아니라 내적 자원을 형성하는 데도 도움을 줄 수 있지 않을까?

● 　내적 자원은 우리 내면에 있는 심리적 도구로서 정서적, 개인적 스트레스를 완화하고, 조절하고, 해결하는 데 도움을 준다. 내적 자원의 예로는 자신감과 균형 잡힌 시각이 있다. 이런 자원은 회복력 높고 건강한 정서적, 심리적 상태를 유지하는 데 핵심 역할을 한다.

앞서 자연에는 우리의 내적 스트레스 반응을 완화하는 힘이 있다는 사실을 살펴봤음에도 조금 전에 나온 '땅의 자녀들'이라는 말에 움찔하지는 않았는가? 솔직히 대답해보길 바란다. 이상하게 느껴졌는가?

솔직히 말해 그 단어를 적으며 나도 비슷하게 반응했다. 당연한 반응이 아니겠는가? 두뇌의 진화와 더불어 사고와 개념, 생각을 유형화하려는 욕구가 우리 안에 생겨났다. 무엇이든 이성적으로 생각하고 지적으로 처리하려는 욕구는 우리의 본능이 되었다. 함께 존재하기보다는 우리 주변의 세계와 우리가 별개라고 생각하게 되었다. 우리도 모르는 새 이런 선입견이 생겼고, 이는 어찌할 수 없다. 자연과 조화롭게 어울려야 한다는 필요성을 더는 느끼지 못하게 된 것이다. 우리는 실내에서 생활하는 종이니까 말이다. 그러나 그게 정말 사실일까?

## 스트레스를 받을 때 우리 몸은 이렇게 반응한다

스트레스는 우리를 긴장시키는 어떤 요인으로 인해 촉발되는 생리적 반응이다. 인류의 진화 역사상 대부분의 시기에서 이런 긴장을 불러오는 상황은 보통 검치호랑이와의 대치와 같이 신체적 위협이나 위험을 맞닥뜨렸을 때였다.

스트레스로 인한 긴장 상태를 이해하기 위해 교감 신경계가 활성화될 때 찾아오는 신체 변화를 살펴보고자 한다.

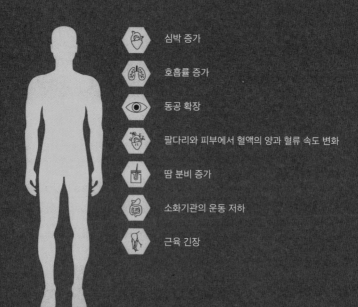

심박 증가

호흡률 증가

동공 확장

팔다리와 피부에서 혈액의 양과 혈류 속도 변화

땀 분비 증가

소화기관의 운동 저하

근육 긴장

1. 먼저 심박과 호흡률이 증가한다. 반응 속도를 높여 호랑이에게서 도망치거나 맞서 싸우기 위해 더욱 많은 산소를 흡입하여 신체에 공급하려는 진화의 산물이다.

2. 더욱 많은 빛을 받아들이고 주변시를 활용하기 위해 동공이 확장된다. 그래야 주변 공간을 인식하는 능력이 높아지는데, 이는 도망칠 경로를 파악하거나 싸우기 가장 좋은 장소를 찾는 데 중요하다.

3. 공격을 당하거나 상처를 입었을 때 혈액 손실을 줄이기 위해 팔다리와 피부 표면에서 신체의 중요 기관으로 혈액 재분배가 이루어진다(이로 인해 피부가 창백해진다).

4. 땀 분비가 증가한다. 덕분에 포식자가 우리를 잡거나 움켜쥐는 것이 어려울 뿐 아니라 체온이 낮아져 몸이 과열되지 않는다.

5. 소화기관의 활동이 저하되면서 스트레스 상황에서 좀 더 중요한 역할을 하는 신체 기관으로 에너지가 분배된다. 이로 인해 메스꺼움이나 복부가 팽창되는 기분을 느끼기도 한다.

6. 근육은 투쟁 또는 도피를 위해 긴장 상태에 있다.

오늘날 긴장을 불러오는 상황은 호랑이의 공격보다는 구직 면접, 재정적 압박, 대인 관계 등 심리적인 요인에 기인한 것이 많다. 이 문제에서 신체의 스트레스 반응이 우리에게 어떤 도움을 줄 수 있을까? 안타깝게도 아무런 도움이 되지 못한다. 사실, 신체 반응 탓에 상황이 훨씬 복잡해질 때가 많다.

# 우리는 아직 이 세상에 적응하지 못했다

동물원에 새로운 동물이 들어오기 전 사육사는 해당 동물에게 친숙한 환경이 무엇인지 알아야 한다. 이 지식을 바탕으로 사육사들은 그 동물이 머물던 자연환경과 최대한 유사하게 만들기 위해 노력한다. 이를 제대로 구현하지 못하면 동물은 음식, 짝짓기, 사회화를 거부하고 심한 경우 자해를 하는 등 비정상적이고 부적절한 행동을 보일 확률이 높다. 인간에게 대입하면 식이 장애, 발기부전 및 성욕 저하, 자해와 같은 행동을 보이는 것으로, 이는 정신 건강에 문제가 있음을 가리키는 신호나 다름없다. 동물처럼 인간도 본래 살던 곳과 가장 유사한 환경에서 살아야 하는 것은 아닐까? 그러지 못해 우리의 정신 건강이 위험에 처한 것은 아닐까?

## 도시 생활에 적응하지 못한 사람들

1952년, 존 볼비John Bolby가 처음 만든 용어인 '진화적 적응 환경EEA'은 종이 적응하게 된 환경을 의미한다. 리처드 도킨스Richard Dawkins는 1989년에 출간한 저서에서 진화란 현재의 문제를 미래에 맡기며 앞으로만 전개되는 개념으로 설명했다. 진화적 적응 환경은 시간의 한 지점을 가리키는 것이 아니라 우리 선조가 진화를 하면서 경험한 환경의 총체를 의미한다. 따라서 인류의 진화에서 도시화된 생활 방식이 등장한 지 얼마 되지 않았다는 점을 고려하면 우리의 몸이 새로운 환경에 아직 적응하지 못했다고 보는 것이 타당하다.

식물은 인류의 시작부터 생존에 가장 중요한 역할을 해왔으므로 식물이 인간의 '진화적 적응 환경environment of evolutionary adaptation'에 필수불가결한 요소라고 볼 수 있다. 그렇다면 당신의 환경에는 얼마나 많은 식물이 함께하고 있는가? 동물원 속 동물에 대입한다면, 인간의 자연 서식지와 얼마나 유사한 환경에서 생활하고 있는가?

진화심리학˙에서 '불일치mismatch'란 우리가 유전적으로 설계된 삶

---

˙ 진화심리학은 진화의 관점으로 인간의 두뇌와 행동을 연구하는 학문이다. 인류의 선조들이 생활해온 환경에 인간이 어떻게 적응하고 발달해왔는지를 바탕으로 두뇌의 구조와 기능, 주변 세계에서 얻은 정보를 처리하는 방식을 연구한다.

의 방식에서 멀어진 정도를 의미한다. 어떤 불일치는 겨울철에도 몸을 따뜻하게 유지할 수 있게 된 것처럼 편리함을 가져왔다. 하지만 일반적으로 진화적 불일치는 우리에게 부정적인 영향을 미치고, 스트레스와 질병을 일으키는 요인으로 알려져 있다. 사치품과 편의 시설이 넘치는 현재 삶의 방식이 오히려 우리의 웰빙에 부정적인 영향을 끼치고 있는 것은 아닐까?

2005년, 저널리스트인 리처드 루브Richard Louv는《자연에서 멀어진 아이들Last child in the woods》라는 저서에서 '자연 결핍 장애nature-deficit disorder'라는 용어를 들어 자연 세계와의 단절로 어떤 결과가 초래되었는지를 설명했다. 실제 있는 병명이 아니라 자연과 너무도 멀어진 삶이 우리에게, 특히 아이들에게 미치는 영향을 설명하는 용어다. 루브는 과학적 근거를 들어 자연 결핍 장애가 비만, 정서적 질병, 신체적 질병, 주의력 장애, 감각 활용도 감소 등 사회적 문제에 기여한다는 주장을 펼쳤다. 무엇보다 자연에 대한 책임과 의무가 약화된 것이 문제라고 지적했다.

## ○ 바이오필리아

바이오필리아('자연'을 뜻하는 바이오bio와 '순수한 사랑'을 뜻하는 필리아 phila의 합성어로, 인간의 두뇌에 왜 자연이 필요한지 설명하는 이론-옮긴이)는 삶과 생명 시스템에 대한 친화적 성향을 의미하는 단어로, 1984년 미국의 생물학자 에드워드 윌슨E. O. Wilson에 의해 처음 널리 알려졌다. 그는 인간이 자연에서 진화를 거듭한 만큼 인간에게는 자연에 연결되고자 하는 선천적인 욕구, 심지어 유전적인 욕구가 내재되어 있고, 자연과의 단절이 우리에게 해를 끼친다고 주장했다. 이 이론은 인간과 자연의 관계를 더욱 깊이 있게 연구하는 다양한 학문 분야에서 유용한 프레임워크로 활용된다.

## 자연의 일부인 사람들

자연과의 관계가 중요하다는 가르침은 새로운 개념이 아니다. 2,500년 전 붓다의 깨우침 이후 동양 철학자들은 인간과 자연의 관계를 강조해왔다. 붓다가 말하는 깨달음은 지식을 얻거나 지적 능력을 높이는 것이 아니다. 각성을 통해 삶을 그 자체로 받아들이는 것, 우리가 이 세계의 일부이고 자연의 일부임을 깨우치는 것을 의미한다.

'나'를 별개의 존재라고 생각할 때 우리는 행복해질 기회를 잃게된다. 존재하지 않는 것을 움켜쥐느라 자연이라는 우리 존재의 거대한 일부를 잃어버리는 셈이기 때문이다. 행복은 자신과의 내적 대화, 성찰, 계획에서 오는 것이 아니다. 외려 이런 것들을 흘려보낼때 우리를 둘러싼 삶과 세계, 그리고 현재의 순간을 진정으로 감사히 여길 수 있다. 행복은 '나'라는 개념을 놓아버리고 우리와 자연계를 가로막는 장벽을 허물 때 찾아온다.

동양 철학은 의식적 사고와 지성을 강조해 인간을 자연에서 더욱 멀어지게 만드는 서양 철학과 극명하게 대조된다. 17세기 프랑스 철학자인 데카르트Decartes는 '나는 생각한다. 고로 존재한다'고 주장했다. 이 짧은 문장을 통해 그는 '자아란 단순히 정신일 뿐'이라는 개념을 정립했다. 데카르트는 비단 우리의 정신과 자연계를 분리한 데 그치지 않고 우리의 몸도 다른 개념으로 봤다. 그는 물질적인 것과 비물질적인 것에 구분을 두었다.

이런 이원론적 사고가 수천 년 동안 서양 사고와 철학의 근간이 된 탓에 우리는 오늘날 나름의 대가를 치르고 있다. 몸과 정신을 분리하고, 몸과 주변 세계를 분리한 결과, 자신과 세계에 대한 연결성을 잃은 채 분열을 경험하고 있다. 항우울제, 알코올, 심지어 음식으로 자가 치료를 시도하는 이들이 점차 증가하는 것을 보면 크게 잘못되어 가고 있는 게 틀림없다.

## 우리의 몸과 마음은 연결되어 있다

인간이 자연과 완전히 별개의 존재가 아니라는 사실을 쉽게 받아들이지 못하는 사람들도 있지만, 진보적인 과학 연구 덕분에 인식이 조금씩 바뀌고 있다. 장 건강과 정신 건강이 연결되어 있다는 놀라운 발견 덕분에 '당신이 섭취하는 음식이 곧 당신이다'라는 문구가 새롭게 등장했다. 최근 건강 관련 트렌드를 보면 사람들이 신체 건강과 정신 건강의 관계에 대해 그 어느 때보다 잘 인식하고 있다는 점이 드러난다.

오늘날 문제에 대한 답과 해결책을 찾기 위해 많은 사람들이 고대 붓다의 가르침을 따른다. 그 흐름을 따라 마음을 평온하게 유지하고, 현재에 집중하며, 우리를 둘러싼 자연계를 이해하고 그 안에서 우리의 역할을 인식하는 데 중점을 둔 요가, 마음챙김, 명상 등 감각적 체험이 다시 유행을 맞이했다.

우리의 몸이 정신 건강에 어떤 영향을 미치는지 과학이 다양한 관점으로 조명하고, 자연과의 관계성이 정신 건강에 끼치는 영향도 대두되었다. 이제 인간과 자연 간의 간극이 해소되는 것은 시간문제다. 그러니 자연과의 단절로 인한 문제는 이쯤 하고, 간극을 메우는 방법을 살펴보는 것이 좋겠다.

"자연과 멀어진 삶이 치러야 할 대가가 그 어느 때보다도 분명하게 나타나고 있다. 정신 건강 위기가 급속히 퍼지고 있는 지금, 자연과의 단절이 우리에게 어떤 의미고 우리의 삶의 방식에 어떤 문제가 있는지 깊이 생각해봐야 할 때다."

2장

# 식물은 우리를 건강하게 한다

우리가 산책하고, 정원을 가꾸고 싶은 마음이 있다고 해도 시간은 부족하고 날씨의 영향도 받아 매일 하기 어려울 수 있다. 집안에 식물을 들이면 변수에 구애받지 않고도 자연과 함께할 수 있게 된다. 집 안에 식물을 들이는 것이 정말 우리의 웰빙을 향상시키는 데 도움이 될까? 답은 분명하다. 물론 그렇다.

자연이 지닌 치유의 힘이 과학 문헌에서 언급된 지는 오래되었으나, 자연환경이 인간에게 치유와 회복의 힘을 발휘한다는 연구는 최근에서야 등장했다. 사람이 자연에서 머무는 시간과 신체적, 심리적 건강 간의 상관관계를 주제로 하는 연구가 이루어지고 있다.

　자연 속에 머물 때 신체적, 정신적 건강이 향상된다는 사실을 뒷받침하는 증거가 있다. 면역력이 향상되고, 수면의 질이 높아지며 스트레스, 우울증, 불안 수준이 낮아지고, 행복감은 증가하는 등의 이점이 보고되었다. 물론 이런 변화는 우리가 자연 속에 있을 때 본능적으로 느끼는 효과기는 하다. 이 사실이 과학적으로 증명되면서 환경심리학*이 한층 도약할 발판이 마련되었고 자연을 향한 인간의 본능적 유대감도 다시금 확인하게 되었다. 나아가 한 가지 질문이 대두되었다.

'과연 자연을 실내로 들여와도 비슷한 효과를 낼 수 있는가?'

### 자연에 푹 파묻히는 감각

전통적으로 일본에서 행하던 삼림욕, 즉 숲에서 목욕하기가 식물과 건강을 주제로 한 분야에서 몇몇 선구적인 연구를 탄생시키는 기반이 되었다. 이름과 달리 물과는 전혀 관련이 없고, 수영복을 입을 필요도 없다. 삼림욕은 숲속을 거닐며 자연 세계에 푹 파묻혀 온 감각을 이용해 자연과 연결되는 것이다.

이 분야를 선도하는 연구자 중 한 명은 의사이자 면역학자인 리칭Li Qing 박사다. 그의 독창적인 연구를 통해 숲에서 머물면 스트레스가 낮아지고 면역력은 크게 높아지며, 기분이 호전되고 우울과 불안은 낮아진다는 사실이 드러났다. 연구 결과를 보면 스파나 웰니스

●　심리학의 한 분야인 환경심리학은 물리적 환경이 인간의 행동에 미치는 영향을 연구하는 학문이다. 다행스럽게도 환경심리학이 현대 디자인에 조금씩 영향을 주었다. 예를 들어 건축에서는, 편안하면서도 기능성을 갖춘 현대 건물에 자연 자재를 쓰거나 창문, 조명 등을 자연에 가깝게 설치해 인간과 자연 간의 연결성을 높이는 바이오필릭biophilic 콘셉트가 주목받기 시작했다.

수련회를 통해서만 얻을 수 있는 건강상 이점을 삼림욕으로 얻을 수 있고, 심지어 몇몇 사례에서는 장기적인 치료보다 훨씬 나은 성과를 보이기도 했다. 게다가 삼림욕은 비용이 전혀 들지 않고 즉각적인 효과를 기대할 수 있어 더욱 훌륭하다.

리 박사의 주장은 그간 수많은 연구를 통해 유효성이 입증되었고, 인간이 자연과 교감할 때 신체가 긍정적으로 반응하고 기능한다는 사실이 거듭 확인되었다. 집 안에 숲을 꾸미는 것은 어렵겠지만, 어떤 식으로든 매일 자연을 접하는 것만으로도 긍정적인 변화를 경험할 수 있다는 것이다. 자연과 함께할 때 자연스럽게 긴장이 풀어지고 면역력이 높아지므로 캠핑을 가자는 지인의 제안에 바로 승낙하고, 지금 산책을 나서고, 미루었던 정원 손질도 하기 바란다. 야생 탐험을 떠나든 집 근처 공원을 거닐든 자연에서 시간을 보내면 당신의 웰빙에 대단히 좋은 효과가 있을 것이다.

해당 분야의 연구가 큰 설득력을 얻은 나머지 정부의 전략과 정책에도 영향을 미쳤다. 네덜란드 정부는 도심 속 녹지 조성에 투자할 때 연간 헬스케어 예산 6,500만 유로가 절약될 것이라 봤고, 일본의 경우 삼림욕을 예방 의학의 형태로 이해하고 국가의 보건 정책에

통합시키기도 했다.


## 도시에서 자연을 만나는 방법

과학기술에 점철된 도시화된 삶을 사는 시대에, 일상에서 자연과 연결되는 가장 쉬운 방법은 무엇일까? 나무가 많은 집 근처 공원을 산책하거나 정원을 가꾸는 등 외부 활동을 늘리고 자연에서 더 많은 시간을 보내면 된다.

안타깝게도, 우리가 아무리 마음이 있다 해도 시간 부족, 날씨, 동기 저하 등 수많은 변수로 인해 이런 활동이 일상 속 루틴으로 자리 잡을 가능성이 현저히 낮다. 따라서 집 안에 식물을 들이는 것을 생각해볼 수 있다. 다양한 변수에 구애받지 않으면서도 별다른 노력 없이도 자연과 함께할 수 있는 방법이기 때문이다. 앞서 등장했던 질문이 다시 한 번 대두되는 지점이다.

'집 안에 식물을 들이는 것이 정말 우리의 웰빙을 향상시키는 데 도움이 될까?'

답은 분명하다. 물론 그렇다. 식물이 주는 이점이 얼마나 다양하고도 다면적인지 모두 알고 난 뒤에는 집에서 식물을 키우지 않으면 바보나 다름없다는 생각이 들 것이다. 적어도 나는 그랬다.

식물이 우리의 웰빙에 끼치는 긍정적인 혜택은 보통 환경적, 생리적, 인지적, 정서적 측면 등 네 가지로 나눌 수 있다. 식물이 우리에게 전해주는 건강상 이점을 제대로 살펴보기 위해 위의 네 가지 혜택을 하나씩 살펴보자.

○ **녹색의 도시 환경**

도심에 녹지가 많을수록 사회 결속력은 높아지고 범죄와 공격적 행위 정도는 낮아진다. 당연하게도 녹지가 근처에 있을 때 부동산 가치도 높아지는 것으로 드러났다. 부동산 가치는 오픈 스페이스가 있는 경우 10퍼센트, 공원은 6퍼센트, 정원은 5퍼센트 향상되었다.

## 삼림욕과 면역력

리 박사와 동료 연구진은 건강한 남성들의 체내 면역세포(NK) 활동성을 측정해 삼림욕이 면역 기능에 어떤 영향을 미치는지 연구했다. 백혈구인 NK세포는 암세포나 바이러스에 감염된 세포 등 손상된 세포를 공격하는 역할을 한다.

도쿄에 있는 대기업 세 곳에서 일하는 37세 이상 55세 이하의 남성 12명을 연구 대상으로 삼았다. 평일 날 회사에서 NK세포 측정을 마친 참가자들은 일본에 있는 숲 세 곳에서 2박 3일 동안 머물렀다. 도착한 첫날에는 오후 두 시간 동안 숲을 거닐었고, 다음 날에는 아침과 오후에 각각 두 시간씩 산책했다. 삼림욕 마지막 날 남성 참가자들의 NK세포 계수를 앞서 측정한 수치와 비교했고, 한 명을 제외하고 전원이 NK 활동이 평균 17.3퍼센트에서 26.5퍼센트로 약 53.2퍼센트가 향상되었다.

삼림욕이 이완과 회복에 관여하는 부교감 신경계를 활성화시켰기 때문이다. 해당 연구에서는 삼림욕이 우리의 면역 체계를 강화하고, 스트레스로 인한 질병에 대항하는 회복력을 형성하며, 체내 항암 단백질의 수치도 높일 수 있다고 결론지었다.

**삼림욕이 NK세포 계수에 미치는 효과**

26.5%

17.3%

53.2%
상승

전    후

출처: 리 칭 외 2007년, 삼림욕이 NK 세포 활동과 항암 단백질을 향상시킨다Forest bathing enhances human natural killer activity and expression of anti-cancer proteins, 국제 면역 병리학과 약리학 저널International Journal of Immunpathology and Pharmacology 20(2):3-8

"야생 탐험을 떠나든 그저 집 근처
공원을 거닐든 자연에서 시간을
보내면 당신의 웰빙에 대단히 좋은
효과가 있을 것이다."

# 식물을 집에 들이면 벌어지는 일들

식물은 빛과 물을 이용해 이산화탄소를 먹이로 흡수하고 폐기물로 산소를 뿜는 광합성을 한다. 식물은 인간을 포함해 지구상 거의 모든 종의 먹이사슬의 근간이 된다. 또한 식물의 광합성 능력을 통해 이산화탄소 수치를 안정적인 수준으로 유지함으로써 온난화 문제를 맞이한 지구에 상당히 중요한 역할을 한다.

집 안의 공기 질을 유지하는 것도 중요하다. 실내의 이산화탄소와 산소의 균형을 맞출 수 있는 방법은 바로 식물을 집에 들이는 것이다.

## 실내 환경이 우리에게 미치는 영향

실내 환경이 우리의 건강에 영향을 미치는 사례 중 하나는 바로 중앙난방과 에어 컨디셔닝 시스템으로 건조해진 공기가 감기 및 관련 증상을 유발하는 경우다. 건물 내 습도가 실내 권장 습도인 30~60퍼센트를 한참 밑돌 때가 많은데, 여러 연구를 통해 식물의 증산작용으로 15퍼센트까지 습도를 높일 수 있다는 것이 드러났다. 식물의 뿌리에서 줄기와 잎으로 수분이 이동하는 과정에서 수증기가 발생한다. 광합성 작용으로 빨아들이는 물의 약 95퍼센트가 증산작용으로 소실된다. 이런 과정을 통해 식물은 우리가 호흡하는 공기에 산소와 수분을 보충해주므로 실내에서 상당한 시간을 보내는 현대인 대다수에게 대단히 유익한 도움을 준다. 가습 효과가 뛰어난 식물로는 아레카 야자와 알로카시아가 있다.

우리가 쉽게 알아차리지는 못하지만 실내 공기 질에 유해한 물질은 벤젠, 톨루엔, 포름알데히드 같은 휘발성 유기화합물VOCs로, 건축 자재와 프린터 잉크 등 사무용품은 물론 방향제, 세제, 페인트, 접착제, 매니큐어 등 가정용품에도 포함되어 있다. 공기 중에 퍼져 있는 혼합물이 소위 빌딩 증후군*으로 알려진 증상의 주원인일 뿐 아니라 건강 이상을 불러오는 요인으로 꼽히고 있다.

실내 공기 환경에 대해 처음으로 과학 연구를 주도하고 자금을 제공했던 단체는 우주정거장의 공기 정화 방법을 모색했던 나사NASA였다. 이들의 연구 결과, 식물이 밀폐된 공간 내 포름알데히드와 벤젠 등 휘발성 유기화합물 농도를 낮추어주는데 그중에서도 고무나무, 보스턴 고사리, 스킨답서스, 산세베리아가 뛰어난 효과가 있다는 것이 드러났다.


나사에서 진행했던 울버턴Wolverton의 연구 이후로 이 결과가 밀폐된 공간 외 주거용 시설이나 업무용 건물에도 적용될 수 있는지를 밝히기 위해 수많은 연구가 실시되었다. 최근까지의 사례를 포함해 모든 연구가 하나같이 식물은 강력한 공기 정화 능력이 있고 주변 공기의 청정도에 긍정적인 영향을 미친다는 결과가 나왔다. 한편, 해당 분야의 최신 연구에서는 화분 식물의 실내 VOCs 제거율이 환기의 효과에 미치려면 상당한 양의 식물이 필요할 것이라는 결과를 발표했다. 안타깝게도 이 연구 결과는 최근 미디어에서 '식물은 결

●　건물 내에서 생활하는 사람들이 건강상 불편함이나 이상 증세를 경험하는 것으로, 특정 질병을 정확히 가려내거나 원인을 규명할 수 없는 증상이다.

국 집 안의 공기를 정화할 수 없다'는 식의 잘못된 헤드라인으로 보도되며 오해를 사기도 했지만, 식물이 공기를 정화할 수 없다는 말은 완전히 잘못된 이야기다.

　신선한 공기를 적절하게 환기하는 것이 공기 질 향상에 가장 좋은 방법임에 의문을 품을 사람은 없을 것이다. 나는 개인적으로 온종일 집 안에 해풍이 통하는 곳에서 살고 싶다. 그러나 상황이 따라주지 않으면 우리는 처한 환경에서 최선을 다할 수밖에 없다. 식물에는 분명 공기 정화 능력이 있고, 인간은 실내 공기 농도가 권장 수치 아래로 크게 떨어지면 그 변화를 몸으로 느낀다. 공기 중 화학물질의 수치가 조금만 낮아져도, 설사 그리 대단치 않은 변화라도 우리에게는 분명 이롭다. 실내 공기의 오염도가 야외보다 최대 12배까지 높아진다는 연구 결과와, 많은 사람이 하루 대부분을 실내에 보낸다는 사실을 생각하면 사소하게나마 공기의 질을 개선할 수 있는 방법을 따라야 한다.

## 먼지와 소음에 시달리는 사람들

　1996년, 로어Lohr와 피어슨 밈스Pearson-Mims는 식물의 잎이 실내 공기 질에 미치는 영향을 연구했다. 실험 장소로 컴퓨터 연구실과 사무실, 이렇게 두 곳을 선정해 실험용 접시를 각각 열두 곳의 다양한 장소에 배치했다. 3개월 동안 식물 몇 종을 일주일 간격으로 실험 장소에 두었다가 수거했고, 식물이 있을 때와 없을 때를 비교해 실험용 접시의 무게를 재었다. 실험 결과, 관엽 식물이 있는 공간에서는 평평한 지면 위 입자상 물질particulate matter(공기 중 부유물과 먼지)의 축적량이 20퍼센트까지 감소되었고, 그 효과는 식물을 방의 가장자리에 배치했을 때 가장 뛰어났다.

실험용 접시를 놓아둔 위치로 밝혀진 더욱 흥미로운 사실은, 식물이 입자상 물질이 표면에 내려앉지 않도록 막아준 덕분에 접시에 쌓인 먼지가 감소한 것뿐 아니라, 소용돌이 전류(저주파 전류로 식물 세포를 포함해 생물체 안에서 자연적으로 발생한다)를 통해 잎이 먼지를 흡착시켜 제거한다는 사실이 드러났다. 또한 식물이 건물 내 상대 습도를 높인다는 점도 확인되었다. 수치는 미미했지만 의미는 크다고 볼 수 있다.

실외 식물 역시 실내 공기 질에 이로운 영향을 미친다. 최근 한 연구에서는 자작나무로 인해 도로 가까이에 자리한 집 안의 먼지 농도가 어떻게 달라지는지 측정하는 실험을 했다. 그 결과, 자작나무가 차량 운행으로 생긴 입자상 물질을 50퍼센트까지 흡수하는 것으로 드러났다.

식물은 공기 오염 물질 제거뿐 아니라 소음 저감에도 효과가 있다. 카펫과 가정용 직물 제품이 소음을 줄여주는 것과 마찬가지로 식물도 실내 소음을 저감하는 데 도움이 된다. 규모가 큰 사무시설이나 새로 지은 집 등 카펫이 없고 얇은 칸막이벽이 불쾌한 소음을 야기하는 장소에서 식물이 대단히 혁신적인 해결책이 될 수 있다.

## ○ 녹색 미래를 만드는 식물 재배법

네덜란드에서 진보적인 방식으로 식물을 키우는 몇몇 사람들은 로테르담의 산업체에서 배출되는 이산화탄소에 파이프를 연결해 식물에 공급한다. 이 재배법은 지속 가능한 녹색 미래에 크게 기여할 뿐 아니라 전기 요금을 절약하는 데도 도움이 된다.


## ○ 공기 정화 효과가 좋은 식물 다섯 가지

실내 식물의 종류가 너무도 다양한 나머지 모든 식물을 대상으로 공기 정화 효과를 실험한 것은 아니지만, 아래의 식물은 지금까지 행해진 다양한 연구에서 꾸준히 좋은 성적을 거두었다.

→ 호야(142쪽)

→ 여우꼬리 고사리(160쪽)

→ 얼룩자주달개비(190쪽)

→ 산세베리아(136쪽)

→ 스킨답서스(130쪽)

우리는 식물에 신체적, 생리학적으로 긍정적인 반응을 보인다. 2000년 펠드Fjeld가 진행한 연구로 식물이 많은 실내에서 피로함, 두통, 안구 건조증, 인후통, 피부 가려움증과 같은 불편한 증상이 약 21퍼센트에서 25퍼센트 낮아진다는 사실이 드러났다. 개인적으로나 사회적으로 이런 증상을 덜 경험하는 데 따르는 파급 효과는 상당하다. 질병에 덜 시달리고 컨디션이 저하되는 기분을 덜 느낀다면 우리의 건강과 생산성에 굉장한 영향을 미치기 때문이다.

위에 언급된 이로운 점은 대부분 식물이 주변 공기 질을 높이는데서 기인한 것이다. 뿐만 아니라 식물과 함께할 때 우리의 자율 신경계 활동이 억제되어 신체적, 정서적으로 스트레스를 덜 받기 때문이기도 하다. 식물에 대한 생리학적 반응이 중요한 까닭은 교감 신경계의 지나친 활성화가 세 가지 이유로 위험하기 때문이다.

첫째로, 교감 신경계가 지나치게 활성화되면 면역 기능이 저하되고(앞서 나온 증상들이 발현된다) 이로 인해 다양한 신체적 불편함이 동반된다. 둘째로, 심혈관계가 손상되어 이른 나이에 심장 마비에 걸릴 위험이 생기며, 마지막으로 우울과 불안 등 부정적인 심리적 증상을 초래한다.


## 스트레스 저항력을 높인다

수많은 연구에서 혈액 속 코르티솔 수치나 타액 속 아밀라아제 수치와 같이 스트레스를 판단하는 임상적 지표를 바탕으로 식물이 스트레스를 낮추는 효과가 있는지를 분석했다. 2010년 사와다Sawada와 오야부Oyabu는 식물이 있을 때와 없을 때 컴퓨터 작업을 하는 참가자들의 아밀라아제 수치가 어떻게 변하는지를 관찰했고, 식물이 있는 공간에서 작업하는 참가자들의 아밀라아제 수치가 월등히 낮다는 결론을 얻었다. 또 다른 연구에서 공원과 녹지가 보이는 병실의 환자들이 수술 후 회복 속도가 더욱 빠르고 진통제 의존도도 낮다는 것이 드러났다. 연구진은 식물과 함께할 때 통증에 대한 저항력이 높아진다는 사실을 발견했다.

또한 스트레스가 유발되는 경험을 한 사람들이 도시 경관보다 자연을 접할 때 빨리 회복되었다. 먼저 연구 참가자들에게 회사 업무 중 실수를 저지르는 등 스트레스를 느낄 만한 영상 클립을 보여주었다. 그다음 자연환경이나 건물이 가득한 도시 경관을 감상하게 한 후 스트레스 회복력을 측정했다. 식물이 있는 실내에서도 위와 유사한 효과가 나타났다. 자연에 대한 이미지와 마찬가지로 실내 식물도 우리를 진정시키는 효과가 있다. 같은 업무를 수행해도 식물이 있는 공간에서는 스트레스를 덜 느끼는 것으로 나타났다.

## 식물이 집중력을 높인다

식물이 우리의 건강을 향상시키고 스트레스 저항력을 높인다는 사실로 미루어 보아 식물에 우리의 인지 능력과 집중력을 높이는 효과가 있다는 사실은 그리 놀라운 일이 아니다. 2010년, 호주 브리즈번의 학생들을 대상으로 진행한 한 연구에서는 교실에 식물이 있을 때 학생들의 철자법과 산술 능력이 10퍼센트 이상 향상되었다. 또 다른 연구에서는 생화 식물로 벽면 녹화를 조성하자 학생들의 선택적 주의력이 높아졌다.

식물을 통해서 인지 능력만이 아니라 창의력도 향상되는 것이 확인되었다. 2004년 연구에서는 101명의 참가자를 대상으로 창의력 과제 두 가지와 집중력을 요하는 테스트 하나를 업무 환경이 각기 다른 세 공간에서 진행했다. 한 곳에는 식물과 꽃이 있었고, 한 곳에는 추상적인 조각품이, 또 다른 곳에는 아무런 장식물도 없었다. 실험 결과, 식물이 있는 공간에서 과제를 수행한 이들의 혁신성, 창의성, 문제 해결 능력이 평균적으로 15퍼센트 높았다. 식물이 우리가 창의적으로 생각하기 위해 필요한 내면의 여유를 만들어준 덕분에 틀에 박힌 사고방식에서 벗어날 수 있다는 것이 드러났다.

우리의 생활과 업무 공간에 식물이 함께할 때 스트레스를 낮출 수 있다는 수많은 증거를 확인했으니 이제라도 책상 위에 식물 몇 개를 들어놓고 틈틈이 바라보면 어떨까?

# 식물은 스트레스와 생산성에 영향을 미칠까?

식물과 공기 질의 연관성에 대한 연구 결과를 토대로 로어와 피어슨 밈스, 굿윈Goodwin은 실내 식물이 스트레스와 생산성에 어떤 영향을 미치는지 실험했다.

워싱턴주립대학교 내 창문이 없는 컴퓨터 연구실에서 96명의 참가자를 '식물 있음'(일반 화분과 행잉 화분을 참가자들의 주변 시야 내에 두었다)와 '식물 없음', 두 그룹으로 나누어 컴퓨터 작업을 수행하도록 했다. 참가자들의 반응시간으로 생산성을 측정했고, 수축기 혈압으로 스트레스 정도를 확인했다. 실험 전과 후에 심박 수를 측정하고, 지퍼스ZIPERS(저커먼 심리 반응Zuckerman Inventory of Personal Reactions의 준말로, 개인의 정서 상태를 관찰하는 척도로 활용됨) 결과도 기록했다. 그 결과, '식물 있음' 그룹의 참가자들은 주의력이 더욱 높아진 것과 더불어 실수가 늘어나는 현상 없이 반응시간이 12퍼센트나 상승했으며 혈압은 다른 그룹에 비해 꾸준히 낮은 수치를 기록했다.

**수축기 혈압 수치 (MM HG)**

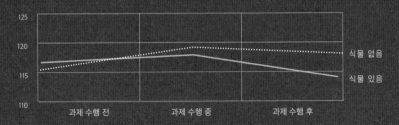

출처: 로어,V.I, 피어슨 밈스, C.H & 굿윈, G.K. 1996. 실내 식물이 창문이 없는 환경에서 근무하는 노동자의 생산성을 높이고 스트레스를 낮춘다.Interior plants may improve worker productivity and reduce stress in a windowless environment. 환경 원예 저널Journal of Environmental Horticulture 14(2):97-100

## 불안과 우울을 떨쳐내는 법

마지막으로 식물이 지닌 가장 위대한 초능력은 인간을 행복하게 해준다는 것이다. 식물이 불안과 우울감을 낮춰줄 뿐 아니라 우리의 기분을 호전시킨다는 연구가 셀 수 없이 많다.

한 연구 프로젝트에서는 참가자들에게 식물이 있는 공간, 실내 장식품이 있는 공간, 식물도 장식품도 없는 공간에서 각각 어떤 감정을 느끼는지 조사했다. 참가자들은 식물이 있는 공간에서 더욱 '마음이 가벼워지거나 즐겁고' '다정해지거나 상냥해지는' 기분을 느낀다고 전했다. 최근 한 연구에서는 이런 효과를 정량화했다. 근무자들을 대상으로 행복도를 조사했을 때 식물이 없는 공간에서는 (창문을 통해 녹지를 볼 수 있는 것과 무관하게) 60퍼센트만이 '만족감'을 느낀다고 말한 반면, 창문은 없지만 식물이 있는 사무실에서 일하는 근로자들은 69퍼센트가 만족한다고 답변했다. 당연하게도 식물도 있고 창밖으로 녹지도 보이는 사무실에서는 이 같은 답변을 한 비율이 89퍼센트나 되었다.

식물과 적극적으로 관계를 맺을 때 자기 통제력self-mastery(자신의 삶을 통제한다는 지각 정도)과 사회적 응집성이 높아지기도 한다. 삶에 대한 통제력을 상실했다고 느끼는 사람들의 신체적, 정서적 상태를 향상하는 방법으로 널리 알려진 것은 다른 생명에 대한 책임감을 갖게 하는 것이다.

식물의 이런 효과에 대해 밝힌 한 획기적인 연구에서는 요양시설에서 생활하는 노인들을 실내 식물 돌보기 프로그램에 참여시켰다. 놀랍게도, 식물을 돌보며 노인들이 자기 자신은 물론 주변 환경에 대해 더욱 책임감을 느꼈다. 개인적으로는 이 연구 결과가 인간과 자연 간의 관계를 잘 보여주었다고 생각한다.

"우리는 자연에게 인간이 필요하다고
생각하지만, 실제로는 인간에게 자연과
식물이 필요하다. 그들은 인간에게
목적의식과 미래에 대한 희망을 준다."

## 식물을 기르는 기쁨

2008년 콜린스Collins와 오 캘러핸O'Callaghan은 실내 원예가 요양 시설에 거주하는 노인들의 삶의 질에 미치는 영향을 조사했다.

요양 시설에 거주하는 저소득층 노인들 18명을 대상으로 두 시간짜리 원예 수업을 네 차례 진행했다. 그런 뒤 노인들이 각각 식물을 하나씩 맡아 돌보고 교감하도록 했다. 실험을 진행하는 동안 참가자들은 허리가 전보다 곧아지고, 앉거나 서는 자세가 눈에 띄게 달라졌다. 옷차림이 단정해졌으며 전보다 웃는 일도 많아졌다. 참가자들이 느끼는 건강 상태와 행복도, 본인의 삶에 대한 통제력 정도를 연구 참여 전과 직후, 연구가 끝나고 5개월 후, 이렇게 세 번에 걸쳐 조사했다. 프로그램에 참여한 노인들의 경우 건강, 행복도, 자기 통제력을 가리키는 지표들이 크게 높아졌고, 이들은 '누군가에게 필요한 존재가 된 느낌', '연대감', '성공과 성취'를 경험했다고 응답했다. 102살의 한 할머니는 "식물이 내 미소에 반응한다"라는 인상적인 말을 남겼고, 여러 참가자가 식물이 자라고 재생하는 모습을 지켜보며 마음의 평안을 느꼈다고 전했다.

아래는 삶에 대한 통제력을 의미하는 일곱 가지 질문으로 실험 전과 후의 평균 답변을 그래프로 나타냈다.

통제력에 대한 질문

1. 미래에 내게 어떤 일이 벌어질지는 대체로 내게 달려 있다.
2. 살면서 끌려다니는 느낌 대신 내 삶을 주도적으로 이끈다는 생각이 든다.
3. 내게 벌어지는 일을 통제할 수 있다.
4. 내가 겪고 있는 문제 중에 내가 해결하지 못하는 일은 거의 없다.
5. 내 삶에 중요한 일의 대다수는 내가 해결할 수 있다.

6. 나는 문제를 맞닥뜨렸을 때 무력함을 거의 느끼지 않는다.

7. 하고자 마음먹은 일은 무엇이든지 할 수 있다.

**식물에 대한 책임감이 요양 시설에서 생활하는 사람들의 건강 지표와 삶의 질에 미치는 영향**

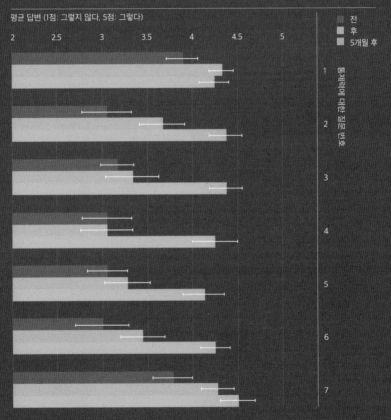

출처: 콜린스, C.C & 오 캘러핸, A.M. 2008. 식물에 대한 책임감이 요양 시설에서 생활하는 사람들의 건강 지표와 삶의 질에 미치는 영향The impact of Horticultural Responsibility on Health Indicators and Quality of Life in Assisted Living, 원예과학기술HortTechnology 18(4):611-18.

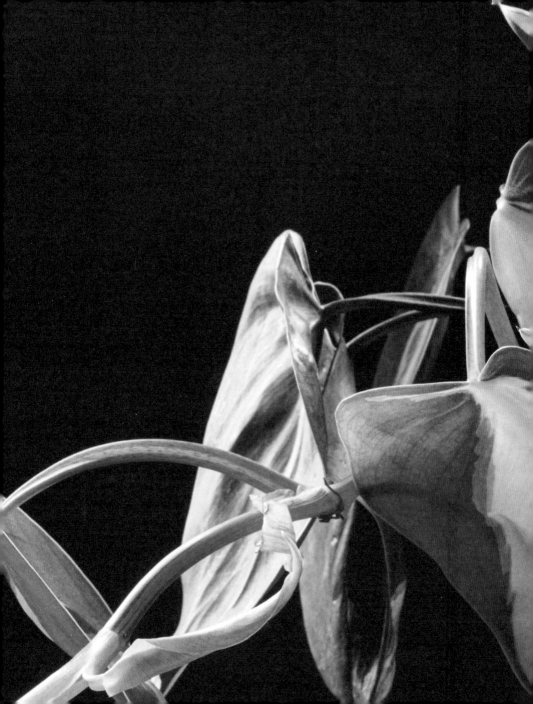

3장

사람과 식물은 관계를 맺는다

식물은 인간과 자연의 관계에서 핵심적인 요소다. 다른 관계와 마찬가지로 우리는 식물에게서 신호를 받는다. 이 신호는 우리 안에 내재되어 있기도 하고, 학습을 통해 배우기도 한다. 식물의 신호를 배울 수 있다는 말은, 곧 어떤 식물이 인간에게서 특정한 반응을 이끌어내는지 알아낸다면 이 식물을 통해 생활 환경을 바꿀 수 있다는 뜻이기도 하다.

지금껏 식물과 함께하는 삶에 수많은 이점이 있다는 것을 살펴보면서 한 가지 질문이 떠오를 것이다.

'우리는 왜 이렇게도 식물에 긍정적으로 반응하는 것일까?'

식물은 인간과 자연의 관계에서 핵심적인 요소다. 다른 관계와 마찬가지로 우리는 식물에게서 정서적, 행동적, 생산적 신호를 받는다. 이 신호 대부분은 우리 안에 내재된 것으로 보고 있다. 즉, 자연에 대해 일정한 반응성을 타고 났다는 뜻이다. 한편, 몇몇 신호는 학습을 통해 배웠다고 알려져 있다. 식물의 신호를 배울 수 있다는 말은, 곧 어떤 식물이 인간에게서 특정한 반응을 이끌어내는지 알아낸다면 이 식물을 통해 생활환경을 변화시킬 수 있다는 뜻이기도 하다.

## 우리 몸에는 일정한 리듬이 있다

회의적인 사람들은 식물이 우리의 행동과 감정에 영향을 준다는 이야기가 과장되었다고 생각할 수도 있다. 그러나 우리가 낮과 밤에 따라 특정 행동을 하는 것을 생각한다면 이해하기가 쉬울 것이다. 아무리 늦은 밤까지 일을 하거나 파티를 즐기고 표준시간대를 넘나들며 여행을 한다 해도 우리의 몸과 머리는 정해진 시간에 특정한 행동을 지시하는 서캐디안 리듬•을 따른다. 수면이 바로 그 대표적인 행동이지만, 오후에 무기력함을 느끼거나 캄캄한 밤이 되면 이유 모를 불길함을 느끼는 사람들도 많다. 늦은 밤 잠들지 못하고 누워 끔찍한 상상을 하며 마음 졸였지만 아침에 일어나면 어떻게 그리 사소한 일을 걱정했는지 이해가 안 갔던 적, 누구나 있지 않은가?

어두워지면 무엇이든 좀 더 힘들고 불안하게 느껴진다. 진화적 관점으로 보면 포식자의 위협에 취약해지는 밤은 우리에게 불리한 때였으니 당연한 반응이다. 한편, 어두운 시간이 지나치게 길어지면 우리의 웰빙이 위협받는 것과 마찬가지로 밤과 낮의 균형이 깨지는

•  매일 특정한 시간대에 피곤함이나 나른함을 느낀다면 서캐디안 리듬 때문이다. 이 사이클은 모든 생물체가 갖고 있으며 약 24시간을 주기로 반복된다. 서캐디안 리듬은 수면과 음식 섭취 패턴에 중요한 역할을 하고 호르몬 생성, 세포 재생, 뇌파 활동, 여러 생리 기능과도 깊이 연관되어 있다. 이것은 몸 안에서 만들어지지만 빛과 온도 등 외부 요인으로 조절할 수 있다.

것도 우리의 건강을 위협한다. 북유럽 국가의 자살률과 정신 건강을 조사한 여러 연구에서는 자살, 계절성 정서 장애SAD 같은 정서 문제가 지나치게 해가 길어지거나 밤이 길어지는 시기에 절정에 이른다고 보고했다. 서캐디안 리듬에 반응하는 우리 몸과 두뇌의 화학물질은 이렇게 극단적인 상황을 적절히 처리하지 못하기 때문에 낮과 밤의 경계가 불분명해지면 침착함이나 안전함을 더는 느끼지 못하고 심리적으로 힘든 상황에 빠진다.

이 원리가 식물과 무슨 관련이 있는지 의아할 수도 있다. 간단히 요약하면, 낮과 밤의 균형이 지켜져야 서캐디안 리듬이 제대로 작동하듯이 올바른 생물군계 또는 환경이 갖춰져야 우리의 스트레스 반응을 억제할 수 있다는 말이다.

## ○ 스트레스에 대한 이론과 자연이 전해주는 웰빙 혜택

캐플런Kaplan에 따르면 스트레스를 유발하는 가장 큰 요소 두 가지는 '위해'와 '자원 부족'이라고 한다. 위해는 신체나 심리에 상처를 입는 상태를 뜻하고, 자원 부족은 돈, 음식, 안식처와 같은 외부 자원이나 정신 능력과 같은 내부 자원이 부족하여 어떤 상황에 대처할 준비가 되어 있지 않다고 느끼는 상태다.

우리가 안전함을 느끼거나 불안함을 느끼는 정도는 주변 환경에 달려 있고, 따라서 투쟁 도피 반응도 환경에 좌우된다고 볼 수 있다. 낮과 밤에 맞춰 잠에서 깨거나 잠이 드는 것과 마찬가지로, 주변 환경이 우리가 느끼는 안전함의 정도와 투쟁 도피 반응이 활성화 되는 정도에 영향을 미친다. 그렇다면 우리가 가장 안전하다고 느끼는 환경은 무엇일까?

1982년, 행동생태학자인 볼링Balling과 포크Falk는 서식지에 따른 인간의 선호도를 조사했다. 연령대가 서로 다른 참가자들에게 숲, 사막, 열대지방, 초원 등 다양한 장소를 사진으로 보여주고, 어느 곳에서 살고 싶은지를 물었다. 가장 많은 선택을 받은 곳은 초원과 유사한 환경이었다. 연령대가 높은 참가자들 몇 명을 제외하고는 대다수가 초원이 아닌 장소에는 중립적이거나 조금 부정적인 반응을 보였다. 일반 참가자들과 달리 초원이 아닌 환경에 긍정적인 반응을 보였던 몇몇 고연령 참가자들의 사례를 통해 익숙함과 학습된 행동이 인간의 내재적 선호도에 영향을 미친다는 것이 드러났다.

흥미롭게도 조경 디자인에서도 위와 유사한 선호도가 드러났다. 고전적인 디자인과 현대적인 스타일 모두에서 드문드문 나무가 있는 넓은 잔디밭이 자주 등장하는데, 이는 동아프리카 초원을 떠올리게 하는 풍경이다. 예를 들면, 18세기 영국의 조경사 랜슬럿 브라운Lancelot Brown이 조성한 블레넘 궁전Blenheim Palace, 페트워스 하우스Petworth House, 셔번성Sherborne Castle의 유명한 조경 디자인만 봐도 알 수 있다. 진화론에서는 인간이 초원에서 처음으로 진화하고 번영했기 때문에 오늘날까지도 초원과 유사한 환경을 비교적 편안하고 위협적이지 않은 곳으로 인식한다고 본다. 더 나아가 연구진은 식물의 어떤 성질이 인간에게 긍정적인 생리 반응을 불러일으키는지 조사했고, 그 결과 기쁘게도 우리의 필요에 따라 특정한 성질을 지닌 식물로 자신만의 정원을 꾸밀 수 있게 되었다.

3장  식물과 식물은 관계를 맺는다

연구에 따르면 우리는 자작나무와 참나무를 구분하지 못하더라도 특정한 속성을 지닌 나무를 본능적으로 선호하는 성향이 있고, 예상하다시피 우리의 생존에 유리한 서식지를 대표하는 나무를 선호하는 것으로 드러났다. 이 선호도는 과거 인류가 진화했던 초원의 환경과 연관이 있는 것으로 분석된다. 과거 인간의 생존에 필요한 비가 충분히 내리는 지역에는 나뭇가지가 우거진 형태의 나무가 자랄 확률이 높았고, 타고 올라가 사냥감을 찾거나 포식자의 위협에 몸을 숨기려면 나무 몸통이 짧아야 했다. 이 논리가 말이 안 된다고 느낄지도 모르지만, 연구를 통해 아프리카, 아시아, 유럽, 북아메리카에 걸쳐 비슷한 선호도가 일관되게 나타났다.

집에 둘 식물이나 정원에 심을 나무를 고민 중이라면 키가 큰 것보다는 넓고 나뭇가지가 천장처럼 우거진 형태를 선택하는 것이 좋다. 이런 특성을 지닌 식물은 알로카시아, 필로덴드론 스쿠아미페룸으로, 두 식물 모두 잎이 크고 넓다. 효과를 최대로 보려면 하루 중 가장 많은 시간을 보내는 공간에 식물을 배치하는 것이 좋다.

색도 중요하다. 밝은 녹색을 보면 우리는 본능적으로 양질의 영양소를 충분히 공급받는 건강한 식물이라고 이해한다. 반면, 노란빛이 도는 경우 식물이 스트레스를 받고 있거나, 물이나 영양이 부족하다는 신호로 인식한다. 진화적 맥락에서 식물의 색깔이 우리의 생존과 관련한 유용한 정보를 전해주었고, 식물의 색감에 대한 인간의 반응은 내재된 본능이라는 것이 2004년 한 연구를 통해 드러났다. 연구에서는 사람이 오렌지색, 노란색, 칙칙한 초록색보다 밝은 녹색에서 마음의 안정을 더욱 얻는다고 밝혔다.

실내에 식물을 둘 공간이 제한적이라면 선명한 녹색 잎을 가진 식물, 가령 칼라데아 오르비폴리아나 알로카시아를 선택하는 것이 좋다. 이런 식물은 주변에 곧장 건강하고 생명력 넘치는 분위기를 불어넣어 준다.

식물에 노란빛이 들거나 병이 든 것 같으면 식물에게 필요한 욕구를 충족시켜줄 장소로 옮기거나 '병실'을 만들어 따로 돌보다가 건강해지면 다른 식물들과 함께 두는 것이 좋다. 어떤 방법을 택하든 눈에 잘 보이는 곳에 두고 시들어가는 모습을 구경만 해선 안 된다. 식물의 상태를 인식하지 못했다 하더라도 아픈 식물은 당신의 불안감을 높일 수 있다.

다양한 종이 함께 어우러지는 곳은 우리에게 안전한 장소라는 강력한 신호를 빠르게 보낸다. 2007년의 한 연구에 따르면 사람들은 다양한 식물이 서식하는 공원에 있을 때 자신의 웰빙을 훨씬 높게 평가한다고 한다. 진화적 관점으로 보아도, 다양한 종은 먹이와 안식처가 충분하다는 믿을 만한 지표이므로 정착하기에 알맞은 장소로 해석되기 때문이다.

그러니 자신이 가장 좋아하고 신뢰하는 식물만 고집하기보다는 다양한 식물을 집 안에 두는 것이 좋다. 자원이 풍부하고 종이 다양한 서식지와 유사한 환경에서 우리는 더욱 안전함을 느끼고 활력도 커진다고 한다. 다채로움이야말로 인생의 묘미라는 말도 있지 않은가.

## 무심한 심취

자연은 우리의 스트레스를 유발하는 주요인 한 가지를 해결해준다. 바로 자원 부족이다. 구체적으로 말하면 우리의 핵심적인 내적 자원 중 하나인 '지향적 주의력directed attention(정보 처리에 방해되는 자극을 억제하면서 특정 정보에 주의를 집중하기 위해 정신적 노력을 기울이는 행동-옮긴이)' 저하를 막는 데 도움을 준다. 지향적 주의력이란 간단히 말해 체계적이고 목적의식이 있는 삶을 가능케 하는 개인의 능력이다.

　지향적 주의력은 사회적, 정서적 상황에서 문제를 해결하고, 사고하고, 반응하는 데 관여하고, 어떤 상황을 인지하고 그에 따라 행동하는 방식에도 영향을 끼친다. 이는 의식을 산만하게 하는 대상을 억제해야 효율적으로 발휘할 수 있는데, 안타깝게도 피로도가 높으면 지향적 주의력이 저하된다. 예민하고 짜증이 솟구쳤던 적이 있는가? 이 능력을 발휘하지 못할 때 나타나는 현상이다.

진화적으로 특정한 대상에 오랫동안 깊이 집중하는 능력보다 주변 환경에 민감하게 반응하고 경계하는 쪽이 생존에 훨씬 유리했기 때문에, 인간은 주의를 사로잡는 대상에 쉽게 이끌리는 경향을 선천적으로 타고났다. 그러나 현대 시대에는 우리의 흥미를 자연스럽게 끄는 것보다 우리가 '중요하다'고 여기는 대상에 집중하는 능력이 더욱 중요해졌다. 더욱이 요즘 현대인은 소리와 시각적 자극, 움직임 등에 지속적으로 노출되며 과잉 자극을 받고 있다. 지나치게 정신없는 세상에서 성공적으로 살아가려면 지향적 주의력을 지속적으로 발휘해야만 한다. 이렇게 지속적으로 정신적 노력을 가할 때 집중하는 능력이 떨어지고, 스트레스, 번아웃, 불안, 우울 등 여러 심리적인 문제가 생긴다.

## 마음의 문제를 해결하는 식물

그렇다면 내적 자원의 소모를 어떻게 막을 수 있을까? 수면이 휴식을 제공하지만 이것만으로는 충분히 회복할 수가 없다. 정신적 소모가 심한 경우에는 수면으로 내적 자원을 회복하기는커녕 오히려

불면증에 시달리기도 한다.

지나치게 소모되는 지향적 주의력을 회복하려면 무심하게 어떤 대상에 집중하거나 심취하는 활동이 필요하다. 독서나 TV 시청 등이 멍하게 즐길 수 있는 활동처럼 보이지만 1989년 진행된 연구에 따르면 인간의 회복을 돕는 가장 좋은 활동은 자연환경과 교감하는 것이다.

레이첼 캐플런Rachel Kaplan과 스티븐 캐플런Steven Kaplan이 주장한 주의회복이론은 인간이 진화적으로 적응하기 어려운 환경에 노출되었을 때 에너지와 지향적 주의력이 떨어진다는 이론이다. 한편, 자연에는 인간의 회복을 돕는 네 가지 요소가 있다. 심취, 일탈, 장엄함, 조화다. 자연의 이런 성질이 우리를 더욱 효율적이고 생산적이고 창의적으로 만들고, 더욱 건강한 인간관계를 맺을 수 있도록 한다.

자연은 본질적으로 사람의 눈길을 사로잡는 매력이 있다. 우리가 굳이 집중하려 노력하지 않아도 자연스럽게 우리의 관심을 끈다. 바람에 흔들리는 나뭇잎에 매료되어 한참을 바라봤거나, 일몰의 아름다움에 홀려본 적이 있다면 잘 알 것이다. 소위 '무심한 심취'라고 불리는 행위의 묘미는 어떤 대상에 집중하는 동시에 '다른 일을 생각할 수 있는 충분한 여유'를 제공하는 데 있다고 스티븐 캐플런은 주장했다. 지향적 주의력을 쉬게 하는 동시에 우리의 의식을 내면으로 돌려 성찰하는 시간과 여유를 제공하는 것이다.

# 사람을 위로하는 자연의 네 가지 요소

자연 속 경험은 우리의 내적 자원을 형성하고 스트레스에 대한 회복력을 높인다. 다행스럽게도 누구나 자연의 회복력을 활용할 수 있다. 도심 한가운데 자리한 집이라도 창의적인 식물 인테리어로 충분히 가능한 일이다.

자연이 인간의 회복을 돕는 네 가지 요소 중 먼저 심취에 대해 자세히 살펴보자. 자연의 어떤 점이 우리를 사로잡는 것일까? 작은 구조가 전체 구조와 유사한 형태로 되풀이되는 프랙털(자기 유사성을 갖는 기하학적 구조-옮긴이) 패턴° 때문이다. 한 치의 오차도 없는 프랙털 구조는 인공으로 만들어진 형태로 수학책에서 자주 찾아볼 수 있다. 자연 속 프랙털은 정밀성은 떨어지지만 양치식물과 같이 대체로 예측 가능한 패턴을 따라 미묘한 변형 또는 무작위적 요소가 뒤섞여 나타난다. 89쪽 사진을 보면 길게 갈라진 잎에서 같은 모양의 작은 잎들이 반복적으로 돋아나는 패턴이 보일 것이다.

나뭇가지가 넓게 우거진 모양, 달팽이 껍질과 선인장이 나선형 형태로 자라는 모습처럼 프랙털 패턴은 자연 어디서나 찾아볼 수 있고, 그렇기 때문에 우리의 눈은 이런 형태를 쉽게 인식하도록 진화했다. 예측 가능성과 가변성이 절묘한 균형을 이룬 프랙털 패턴은 시선을 사로잡을 정도로 매력적인 동시에 무심하고도 편안하게 바라볼 수 있는 대상이 된다. 프랙털 패턴을 편안하게 인지할 때 마음이 안정되고 즉각적으로 스트레스가 낮아진다는 것이 몇몇 연구를 통해 밝혀졌다.

또 인간의 눈은 특정 차원 내의 프랙털 패턴에 특화되어 있는데 다행스럽게도 자연에서 볼 수 있는 프랙털 패턴이 이 범위 안에 속한다. 실제로 자연 속 프랙털이 알파파 뇌파를 유도해 편안히 안정되어 있는 동시에 깨어 있는 상태를 불러온다고 한다. 이렇듯 평온한 상태를 경험하기 위해서는 자연에 심취할 기회를 누릴 수 있는 환경을 마련해야 한다. 잎사귀의 무늬나 자라는 형태가 프랙털을 띠는 식물을 두는 것만으로도 그런 환경을 충분히 조성할 수 있다. 궁

정의 기운을 더해주는 자연의 요소들은 본질적으로 우리가 보호와 보살핌을 받고 있다는 느낌을 전해준다. 이는 환경심리학에서 '안전하게 품어주기'라고 하는데, 자연이 따뜻함과 신뢰를 느낄 수 있는 환경을 조성해 우리의 기운을 북돋아 회복력을 높여주는 것이다.

자연이 지닌 둘째 요소는 일탈이다. 일탈이란 일상에서 벗어난다는 의미다. 일탈이라 하면 아마도 열대 해변에서 보내는 휴가나 숲에서 하는 캠핑 등 '모든 것을 벗어던지고' 장기간 다른 곳으로 떠나는 경험을 상상하게 마련이다. 이런 해방감은 꼭 멀리까지 떠나지 않더라도 접근이 용이한 자연에 머무는 것으로 충분히 느낄 수 있다.

셋째 요소인 장엄함은 자연 속에서 너른 시각과 일체감을 깨닫게 되는 것을 의미한다. 우리가 개인의 삶보다 훨씬 큰 세계의 일부라는 자각이다. 사람의 손길이 닿지 않는 자연은 감히 어디서도 느낄 수 없는 광활함과 광대함을 선사하지만, 멋진 풍경 속을 거닐거나 폭우 속에 서 있는 것만으로도 이와 비슷한 감정을 불러일으킬 수 있다. 중요한 것은 이런 경험이 연결감도 자극한다는 점이다.

자연의 장엄함은 집에서 모방하기에 가장 까다로운 특징이겠지만, 그렇다고 해서 불가능한 것은 아니다. 자신을 둘러싼 자연과의 유대감을 높이고 싶다면 당신과 삶의 리듬이 비슷하고 서캐디언 리듬을 따라 반응하는 식물을 고른다. '기도하는 식물'이라고도 불리는 칼라데아가 여기에 속한다. 잎이 지속적으로 움직이는 식물인데, 우리가 예상하는 것처럼 해를 따라 움직이는 것이 아니라 식물의 생체시계에 따라 움직인다. 이 식물이 소리를 내어 시끄럽다는 이유로 잠자리 곁에 두고 싶지 않아 하는 사람도 있을 정도다.

마지막으로, 조화란 무엇을 뜻하는 것일까? 우리의 동기와 선호를 충족하는 환경에서 회복력을 얻을 수 있다. 인간이 자연에 특히나 동화되고 즐거움을 느끼는 이유는 바로 우리의 기질과 자연 사이에 놀라운 교감이 형성되어 있기 때문이다. 우리가 하고 싶지 않은 일을 할 때는 노력을 들여야 하지만, 우리가 하고 싶은 일을 할 때는 현저히 적은 노력을 들여 수월하게 해낸다. 이와 마찬가지로 개인의 욕구를 충족하는 환경에 둘러싸일 때 편안함과 해방감을 느낄 수 있다.

정리하면, 식물이 전해주는 회복의 힘을 경험하기 위해서는 고단한 일상에서 벗어나 더 넓은 세상과 연결되는 기분을 느끼게 해주고, 우리 내면의 욕구를 충족시켜주는 공간으로 집을 꾸며야 한다는 뜻이다. 언뜻 보면 만만치 않은 일처럼 느껴지겠지만 하나씩 작은 것부터 바꾸면 그리 어렵지 않다.

회복력을 전해주는 공간을 조성하기 위해서는 지금과 완전히 반대되는 환경을 만들어야 한다. 전자기기와 멀어지고 자연과 가까워져야 한다. 모든 공간을 경외감이 느껴질 정도로 초록 식물로 가득 채우는 것이 가장 이상적이다. 물론 대다수 사람들에게는 현실적으로 어려운 일이다. 그러니 옷장 한편이나 방 한쪽에 찬란한 초록색 잎을 배치해 약간이나마 우리가 자연 속에 머물고 있는 듯한 분위기를 조성하면 된다.

○ 프랙털 패턴을 보이는 식물 다섯 가지

1. 회오리 선인장(180쪽)
→ 회오리 선인장은 피보나치 나선 형태로 자란다.
→ 삐죽삐죽 어설프게 뻗은 가시와 주름이 순수해 보여 식물을 처음 키우는 사람도 매력을 느낀다.

2. 여우꼬리 고사리(160쪽)
→ 작은 이파리 하나하나가 식물 전체 모양과 같은 패턴을 띤다.

→ 자기 유사성을 띠며 자라는 식물은 눈의 긴장을 풀어주고 전자기기 화면에 지친 눈의 피로를 해소해준다.


3. 난쟁이 코와이(156쪽)

→ 앙상한 가지들이 우아하게 뻗은 모양새가 보기 좋다.

→ 잎이 작아 계속 집중하게 된다.


4. 칼라데아 네트워크(186쪽)

→ 노랑과 초록의 모자이크 패턴을 띠는 잎은 자연의 불완벽한 기하학적 문양을 훌륭하게 표현한다.

→ 또렷하게 드러나는 잎맥은 식물의 생명 활동인 순환을 되새기게 만든다.


5. 악어 고사리(152쪽)

→ 윤이 나는 잎맥은 프랙털 패턴의 정수를 보여준다.

→ 악어가죽처럼 보이는 문양이 식물을 한층 특별하게 만든다.

"자연과 예술 속 프랙털 패턴은 미적으로도 보기 좋을 뿐 아니라,
스트레스를 낮추는 효과가 있다."

"자연 속 프랙털이 알파 뇌파를
유도해 편안히 안정되어 있는 동시에
깨어 있는 상태를 불러온다."

# 회복력 넘치는 집안 환경을 꾸밀 때 유용한 팁

## 1. 자연에 흠뻑 빠진다

장식품이나 비싼 예술품으로 집 인테리어를 꾸미기보다는 식물을 활용한다. 여기서 조금
더 확장하고 싶다면 플라스틱이나 금속 소재로 된 가구, 그중에서도 플라스틱 화분은 꼭
없애는 것이 좋고 대신 목재, 석재, 유기농 직물과 같이 자연과 유사하고 우리에게도 친화
적인 소재로 된 가구와 소품을 들인다. 공간의 중심에는 프랙털 패턴이 있는 식물을 두는
것이 좋다. 예컨대, 매일 아침 식사를 하는 장소가 있다면 시야가 닿는 곳에 칼라데아 네트
워크나 난쟁이 코와이를 두고 긍정적인 기운을 더하는 식물을 보며 하루를 시작하는 식이
다. 침실, 거실 등 하루 중 시간을 많이 보내는 공간 어디든 적용할 수 있다.

### 식물 인테리어: 벽걸이 정원 DIY

텅 빈 벽에 딱히 걸어둘 만한 것이 없거나 분위기를 바꿔보고 싶다면 벽걸이 화분
은 어떨까? 우리 집의 경우 두 벽을 러브 체인Ceropegia Woodii 화분으로 꾸몄다.
관리도 쉽고 뿌듯할 정도로 쑥쑥 자라는 이 식물은 잎의 색이 은은해 어떤 배경과
도 잘 어울리고, 메마른 벽에 생명력을 불어넣어 준다.

빛이 잘 드는 벽을 골라 먼저 치수를 잰다. 벽 사이즈에 맞는 커튼 봉이나 빗자루
대, 그리고 이를 설치할 브래킷 두 개가 필요하다.

마크라메 화분 걸이 또는 벽걸이 화분과 'S' 후크나 커튼 링을 준비한다. 브래킷을
벽에 고정한 뒤 커튼 봉 또는 빗자루 대를 걸고 커튼 링이나 S 후크를 끼운다. 어떤
식물을 벽에 걸지 선택한다. 다만 식물과 벽 사이의 공간이 어느 정도가 될지 고려
하고, 너무 옆으로 넓게 퍼지는 식물은 피해야 한다. 큰 식물의 경우 천장에 후크
2개를 고정하고 후크에 줄을 걸어 봉을 매단 후 앞서 나온 순서를 따르면 된다.

## 2. 각 식물이 지닌 효과를 고려한다

집을 꾸밀 때는 어떤 환경을 만들고 싶은지를 우선 생각하고, 그 환경을 조성해 줄 특징을 지닌 식물을 찾아야 한다. 집이나 사무 공간에 어떤 식물을 어떻게 배치할 것인지 전략적으로 접근하는 것이 좋다. 각 식물이 지닌 특징에 대해 이해해야 자신의 생활 패턴과도 잘 어울리고, 공간에 조화와 장엄함을 더해주는 식물을 고를 수 있다. 가령, 환기가 잘 되지 않는 공간이라면 공기 정화 효과가 탁월한 식물로 채우는 것이 좋다. 가습 식물의 경우 효과를 제대로 누리기 위해선 난방기구나 침대 근처에 두어야 한다. 신체적으로나 정서적으로 더욱 건강해질 수 있는 환경을 만드는 데 식물을 적극 활용하길 바란다.

> 편안한 침실 꾸미기
>
> 침실의 가장 중요한 역할은 안전하고도 편안한 수면을 취할 수 있는 장소를 제공하는 것이다. 수면 위생을 높이기 위해선 공기 순환과 적정 습도, 균형 잡힌 수면 사이클이 중요하다.
> 식물은 이런 사항을 충족시켜줄 뿐 아니라 아침마다 초록의 멋진 경치를 마음껏 감상할 수 있게 해준다.

## 3. 자신에게 맞는 식물을 선택한다

우리는 타고난 신호체계를 통해 주변 세상에 반응하듯 학습된 신호로 주변 환경에 반응한다(앞서 소개된 포크와 볼링의 연구 사례와 파블로프Pavlov의 개 실험을 통해 확인할 수 있는 사실이다). 그러니 망설이지 말고 좋은 추억이나 긍정적인 감정을 불러오는 식물을 선택하길 바란다. 예컨대, 조부모님께서 호야를 길렀고, 이것이 좋은 기억으로 남아 있다면 호야를 들이는 식이다. 가장 좋아하는 장소가 바닷가나 숲이라면 이런 개인의 취향을 따라 야자과 식물이나 양치식물을 선택하면 된다. 사람이 저마다 다르듯 각자가 선택하는 식물도 달라야 하고, 개인의 동기 또는 정서에 가장 잘 어울리는 식물을 선택해야 식물이 지닌 효과를 극대화할 수 있다.

## 나만의 식물원 꾸미기

아래 사항을 고려하면 자신만의 식물원을 꾸미는 데 도움이 될 것이다.

### 안전함을 느끼는 공간

당신의 학습된 선호는 무엇인가? 다양한 풍경을 살펴보고 가장 살고 싶은 장소가 어디인지 생각해본다. 숲? 사막? 산? 해변가? 아니면 우림지역?

이때 나온 대답을 통해 자신이 가장 안전하다고 느끼는 환경을 파악할 수 있다. 이를 알아야 그에 맞는 식물을 고를 수 있다.

자신의 선호를 충족하는 식물을 찾은 후에는 공간 한 켠을 내어 이완, 명상, 또는 마음챙김 수련을 할 수 있는 장소로 꾸민다. 당신을 행복하게 해주는 식물이라면 무엇이든 좋지만 거기에 벽걸이형 화분부터 여러 가지 크기의 식물로 다양성을 더한다면 자신만의 특별한 수련 공간처럼 만들 수 있다.

### 기분을 좋게 만드는 기억

자연과 함께한 긍정적인 기억을 떠올려본다. 이를테면, 어렸을 때 가장 좋아했던 놀이 장소는 어디였는가? 힐링이 되었던 휴가지가 있었는가? 이런 추억 속 자연 환경이 어땠는지 생각해본다. 어떤 식물이 떠오르는가? 그렇다면 이 식물을 당신 만의 식물원에 더한다.

### 소중한 사람들과의 추억

자신의 삶에서 소중한 사람들을 떠올려본다. 이들과 식물 사이에 어떤 연관성을 찾을 수 있는가? 식물이 단순한 식물 이상의 의미로 다가왔던 때를 떠올린다. 바로 그 식물이 당신의 실내정원에 정서적 온기와 긍정적인 분위기를 더해줄 수 있지 않을까?

# 자존감이 낮아질 때 식물을 키워야 하는 이유

우리가 식물에 긍정적으로 반응하는 이유는 진화에 따른 본능 때문이기도 하고, 우리의 스트레스 메커니즘을 완화시켜주는 식물의 힘 때문이기도 하지만, 사실 한 가지 이유가 더 있다. 바로 식물이 지닌 성격 때문이다. 내가 정신이 이상해져서 헛소리를 하는 것이 아니다! 엄밀히 말해 식물은 성격이 없다는 것을 잘 알고 있다. 그러나 인간이 식물에 자신의 감정을 투사하는 것을 보면 우리는 잠재의식적으로 식물도 특정한 성질을 지니고 있다고 믿고 있다.

최신 연구에 따르면 우리는 식물을 '판단하지 않고, 위협적이지 않으며, 차별하지 않는 존재'로 여긴다는 것이 드러났다. 자신을 돌보는 사람의 장점이나 단점에 상관없이 식물은 단순히 돌봄에 반응하기 때문에 이렇게 생각하는 것이다. 운동 경기부터 학교 성적까지 교사나 부모에게서 끊임없이 성과를 평가받고, 심지어 스스로 자신을 저울질하는 시대인 만큼 식물이 관대한 존재처럼 느껴지는 것이 그리 이상한 일은 아니다.

우리가 동물을, 특히 반려 동물을 투사의 대상으로 삼는다는 것은 이미 밝혀졌다. 그렇다면 식물은 어떤 이유로 그렇게 느끼는 걸까? 본질적으로는 식물과 생의 리듬을 함께하기 때문이다. 식물과 사람은 태어나 죽음을 맞이한다는 공통점이 있다. 식물이 온도와 돌봄에 따라 진화와 변화를 거듭할 뿐 아니라 음악과 사람의 대화에 반응한다는 근거도 있다. 생물학적 공통성으로 인해 식물에 정서적으로 투자를 하는 것이다. 또한 우리가 식물에게 하는 정서적 투자는 비교적 안전하다는 점도 요인으로 작용했을 것이다. 우리가 식물에게 쏟는 헌신은 일방적인 것이라서 언제든 중단할 수 있고, 이 관계에서 큰 상처를 받을 일도 없으며, 거절당할 두려움에서 자유롭다. 사람과의 관계에서 동반되는 복잡한 정서 문제를 떠올려본다면 식물과의 관계는 가히 매력적으로 느껴진다.

자존감이 낮은 사람은 식물을 돌보며 큰 성취감을 느끼기도 한다. 자존감은 정서적 웰빙과 밀접한 연관이 있다. 부정적인 자기 평가는 자신을 대하는 방식은 물론 인간관계와 주변 세계에까지 영향을 미치는 만큼, 자존감을 높이는 것은 아주 중요한 문제다. 최악의 상태에 빠져 방어 기제가 발동하며 모든 것을 단절하고 숨고만 싶을 때, 식물은 우리가 다시 세상으로 돌아갈 수 있도록 부드럽게 손을 이끄는 가교 역할을 해준다.

자존감이 낮지 않다 해도, 아무 판단도 하지 않는 초록의 친구들에게 둘러싸여 있는 것은 분명 유익한 일이다. 어린 시절 부모님은 당신이 '좋은 친구들'과 어울리기를 얼마나 바랐는지 기억하는가? 바로 식물은 영원히 당신 곁에 머물 '좋은 친구'가 되어준다. 식물과의 관계는 자연 속 자원을 하나 얻는 것과 같다. 삶이 힘들어질 때 위안과 힘, 자기 확신을 회복할 수 있는 은신처가 생기는 셈이다.

"식물은 영원히 당신 곁에 머물

좋은 친구가 되어준다.

그 어떤 판단도 하지 않는

초록의 친구들이다."

4장 ————————————————

**식물은 사람의 마음을 위로한다**

우리의 정신 건강을 향상하기 위해 넘어야 할 가장 큰 장벽은 인간이 자연과 가까운 존재임을 인정하는 것이다. 주변의 세계와 우리 자신이 분리되었다는 인지적 사고에서 벗어나 우리를 둘러싼 세계와 우리 자신이 지속적이고도 필연적인 관계에 놓여 있음을 포괄적으로 이해하고, 이 관계가 인간의 형성에 중요한 영향을 미친다는 점을 인정해야 한다는 뜻이다.

식물과 함께하면서 우리가 얻는 이점이 너무도 많다. 우리가 식물에 어떻게 반응하는지, 그리고 그 이유가 무엇인지 이해할 때 식물이 주는 혜택에 좀 더 공감할 수 있을 것이다.

이 책에서 나는 우리가 단순히 '현대 세계에 사는 현대인' 이상의 존재임을 설명하고자 했다. 인간의 진화적 역사가 이 사실을 뒷받침할뿐더러, 우리가 세계와 자기 자신을 인식하는 관점을 넓히지 않는다면 우리가 세계와 자기 자신을 인식하는 관점을 넓히지 않는다면 결국 우리의 정신 건강과 더불어 세상이 고통에 빠질 수밖에 없다.

우리의 정신 건강을 향상하기 위해 넘어야 할 가장 큰 장벽은 인간이 자연과 가까운 존재임을 인정하는 것이다. 주변의 세계와 우리 자신이 분리되었다는 인지적 사고에서 벗어나 세계와 우리가 지속적이고도 필연적인 관계에 놓여 있음을 포괄적으로 이해하고, 이 관계가 인간의 형성에 중요한 영향을 미친다는 점을 인정해야 한다는 뜻이다.

이제, 무엇이 현재의 당신을 만들었는지 잠시 생각해본다면 내 말의 의미를 이해할 수 있을 것이다. 어려운 질문이라는 것은 잘 안다. 그러나 분명 생각해볼 가치가 있다.

무엇이 지금의 당신을 만들었는가에 대해 어떤 생각이 들었고, 어떤 결론을 얻었는가?

아마도 자연에 대한 생각을 하지는 않았을 거라고 추측한다. 웰빙과 식물을 연구하지 않았다면 나도 그랬을 것이다.

오늘날의 인간 중심적 시대에서는 우리가 원했든 원치 않았든, 개인의 성격적 기질이 사람이나 경험으로 인해 형성되었다고 보고 있다. 이를테면, 부모와의 관계('아버지를 닮아 유머 감각이 있어요') 또는 어린 시절의 경험으로 말이다. 그러나 우리가 중요한 점을 놓치고 있는 것은 아닐까?

물론 긍정적, 부정적 경험이나 부모와의 관계가 우리의 정신에 영향을 미쳤다는 사실은 부정할 수 없다. 그러나 이는 너무 편협한 생각이 아닐까? 우리가 자연과 멀어졌고, 더는 자연의 일부라고 생각지 않은 탓에 시야가 좁아진 것은 아닐까?

지금까지 식물과 가까이할 때 어떤 이점이 있고, 식물이 어떻게 우리의 상태를 최상으로 끌어낼 수 있는지 설명했다. 수많은 과학 연구로 식물과의 긍정적인 상호작용이 증명되었다. 그러나 더 깊이 들어가 본다면, 오늘날 많은 이들이 겪고 있는 정신 건강 문제는 인간과 자연의 분열에서 비롯된 것은 아닐까?

## 누가 누구에게서 나왔을까

'대자연 어머니'. 솔직히 말해 나는 이 표현을 싫어한다. 내가 싫어하는 화려하게 염색된 티셔츠와 무지갯빛 스웨터가 떠오르기 때문이다. 그러나 이 책의 관점으로 접근하자면 대자연 어머니란 단어는 새로운 의미를 갖는다.

최근 들어 식물을 사랑하는 사람들 사이에서 '화초 부모plant parents'라는 개념에 관심이 쏠리고 있다. 나는 이 용어에도 그리 호의적이지는 않은데, 처음에는 너무 단순하면서도 시시한 두운 때문에 이 용어에 반감을 가졌다. 그러나 깊이 생각해보니 내가 심리학자의 관점으로 이 단어를 바라보기 때문에 불편함을 느끼는 거라는 생각이 들었다. 화초 부모라는 개념은 세계와 그 세계 속 우리의 위치를 바라보는 왜곡된 시각을 드러내고, 궁극적으로는 자연과의 역기능적 관계를 의미하기 때문이다.

부모가 자식을 돌보듯 식물을 돌보며 식물과 자연에 책임감을 느끼는 태도에서 비롯된 용어라는 사실도 알고 있다. 그러나 그 의도가 아무리 선하더라도 속아선 안 된다. 이 용어는 자연이 우리에게 의존하는 것보다 우리가 자연에게 의존하는 바가 훨씬 크다는 사실을 부정하고 있다. 인간이 자연에서 태어난 것이지 자연이 인간에게서 비롯된 것은 아니다. 내 눈에는 우리가 화초의 부모가 아니라 '화초의 자녀plant children'로 보인다(이 문제만큼은 동의해주길 바란다). 환경에 적응하기 위해 식물과 자연이 필요한 것은 바로 우리, 인간이다.

'화초 자녀', '땅의 자녀들', '대자연 어머니' 등 어떤 표현을 쓰든 사실 그리 중요치 않다. 중요한 것은, 자연이 우리의 삶에서 중요한 역할을 맡고 있음을 깨닫고, 긍정적이든 부정적이든 자연이 우리에게 영향을 끼치고 있음을 인정하는 것이다. '대자연 어머니'는 우리에게 생명을 주고 돌봐주는 자연의 모습을 비유해 의인화한 용어다. 어린아이가 생존을 위해 엄마에게 의지하는 것과 마찬가지로 성인이 된 인간은 생존을 위해 자연환경에 의지한다. 이보다 훨씬 심오한 인간과 자연간의 관계를 포괄적이고 개인적인 관점으로 접근한다면 사람들에게 다시 자연으로 회귀하고 싶은 마음을 불러일으킬수 있을지도 모른다.

## 안전하게 품어준다

진화적 역사와 생물학적 구성 요소의 결과로 인간은 주변 환경과 세계에 적응하려는 성향이 내재되어 있어, 식물과 자연을 가까이할때 우리가 누릴 수 있는 이점이 많다. 우리의 욕구를 충족시키는 양육자와 강한 유대관계를 맺을 때 경험하는 이점과 상당히 유사하다. 잘 이해가 가지 않는가? 하나씩 차근차근 살펴보도록 하자.

애착 이론* 전문가들에 따르면 적응력 높은 인간으로 성장하는데 아동의 욕구를 이해하는 양육 환경이 중요한 열쇠다. 태어났을

● 애착 이론은 심리학 이론이자 진화 이론이다. 타인과의 정서적 유대감이, 특히나 어린 시절 양육자와의 유대감을 중요하다고 본다. 부모와의 관계성이 사회적, 심리적 발달에 큰 영향을 미친다는 것이 골자이나, 아이가 엄마와 가까운 관계를 유지하는 것이 생존의 확률을 가장 높여준다는 관점에서 애착을 진화의 산물로도 본다.

때는 다양한 감각과 사실, 느낌을 해독하고 해석할 능력은 물론 생리적 활동을 스스로 조절할 능력이 없으므로 양육자가 자신의 욕구를 파악하고 이 모든 것을 처리해주길 바란다.

노골적으로 말하면, 양육자 가운데서도 특히 엄마는 절대적으로 아이의 모든 것을 해결해주는 역할을 맡게 된다. 엄마는 아이가 이해하지 못하는 모든 것을 우선 받아들여 복잡한 정보를 처리하고 반응한 뒤 아이가 이해할 수 있는 방식으로 전달해주는 사람이다. 심리학자들이 '안전하게 품어준다'라고 표현하는 이 경험을 통해 아이들은 내적 자원을 형성하고 생리적 리듬을 찾아가며, 훗날 세상을 무사히 헤쳐나갈 기반을 다진다. 아주 두려운 사실은 엄마가 이 역할을 얼마나 효율적으로 해내느냐가 아이의 발달에 대단한 영향을 미치고, 훗날 아이의 감정 통제력과 스트레스 대처 능력을 좌우한다는 점이다.

생리학적 관점에서 모유는 단순히 아이의 허기를 채우는 것뿐 아니라 혈압과 심박을 안정화시키고 면역력을 높여준다. 근육 활성도와 스트레스 조절, 성장 호르몬을 위해서도 부모의 손길이 필요하다. 또한 부모는 아이의 심리적 자원 발달에도 영향을 미친다. 아이의 생각을 해석하는 부모의 능력이 아이가 경험을 수용하고 체계화시키는 데 중요한 역할을 하기 때문이다.

○ 안전하게 품어주기

어미 새가 갓 부화한 새끼를 돌보는 모습은 안전하게 품어주기라는 개념을 설명하기 가장 좋은 사례다. 갓 태어난 새는 소화기관이 발달되지 않아 먹이를 소화할 수 없다. 따라서 태어난 후 4일째까지는 어미가 먹이를 먹어 소화한 후 그것을 토해서 새끼의 입에 넣어준다. 며칠 후 새끼의 소화기관이 먹이를 어느 정도 삼킬 수 있게 되면 어미 새는 지렁이를 작게 조각내어 입에 넣어준다. 새끼의 소화기관이 온전한 먹이 하나를 소화할 수 있게 되기까지 어미 새는 며칠 동안 이런 식으로 먹이를 공급한다.

## 그 정도면 충분하다

지금껏 한 이야기가 식물과 무슨 관계가 있는 걸까? 아이의 욕구를 이해하는 양육자가 아이의 성장과 발달에 중요한 것처럼 우리의 필요를 충족하는 자연환경이 우리에게 큰 영향을 미칠 수 있다. 예컨대 형태, 다양성, 색감으로 알맞은 환경적 단서를 제공하는 자연환경이 혈압과 심박, 코르티솔 수치를 낮추고 면역력까지 높여준다. 이뿐만 아니라 욕구를 충족시키는 양육자가 전해주는 안전함이 우리의 내적 자원을 형성하는 바탕이 되듯이, 자연이 우리의 정신을 건강하게 단련시켜 줄 수 있다. 우리는 자연 속에서 우리에게 관심을 갖고 호응하지만 지나치게 관여하지는 않는 부모의 모습을 떠올린다. 부모가 그렇듯 자연은 우리가 단순히 '나'라는 존재 이상임을 가르쳐주고 더욱 큰 시스템의 일부라는 것을 깨닫게 해준다.

지금쯤 내가 이상한 소리를 하고 있다고 생각할지도 모른다. 한 가지 짚고 넘어가자면, 식물이 부모를 대신할 수 있다는 말이 결코 아니다. 인간은 인지, 정서, 신체가 얽혀 있는 믿을 수 없을 정도로 복잡한 존재라 욕구도 대단히 복잡하다. 우리의 욕구를 헤아리는 양육자가 발달과 웰빙에 얼마나 중요한 역할을 하고, 양육자가 부재할 때 우리의 정신 건강이 얼마나 위태로워지는지 이미 살펴보았다. 사실, 심리 치료란 본질적으로 양육자와의 갈등에서 비롯된 문제를 해소하는 것이 전부라고 볼 수 있다.

이 외에도 식물과 가까이하고 우리의 필요를 충족시키는 자연환경을 구축할 때 우리의 삶에 얼마나 긍정적인 영향력을 끼치는지도 살펴봤다. 그러니 한 발 나아가 생각하면 자연과의 단절이 우리의 정신 건강에 해롭다는 것도 충분히 예상할 수 있다. 현대 사회의 많은 사람이 고통받는 것처럼 말이다.

### 우리 삶에 자연을 더하는 일

그럼 이제 '우리가 무엇을 할 수 있는가?'라는 질문이 자연스럽게 떠오른다. 자연과 가까운 삶을 어떻게 살 수 있을까? 가능하긴 할까? 사회적으로 본다면 지금껏 쌓아온 과학기술의 진보와 그간 누려왔던 편안함과 편리함, 구축해온 전 세계적인 연결성을 모두 포기한 채 지금보다 불편하고 원시적인 생활로 돌아가는 것은 불가능해 보인다. 그러나 개개인의 삶에서는 가능하지 않을까?

　잠시 앞서 나온 이야기로 돌아가자면, 양육자의 역할에 대한 글을 읽을 때마다 두 아이의 엄마로서 내 부족함에 대해 새삼 깨달으며 '도대체 내가 아이들에게 무슨 짓을 하는 거지?'라고 반성하게 된다. 이럴 때마다 저명한 정신분석가인 도널드 위니콧Donald Winnicott이 했던 '그 정도면 충분하다good enough'라는 말에서 위안을 얻는다. 아이에게는 욕구를 완벽한 수준으로 충족시키는 것이 아니라 중간 정도로 충족시키는 돌봄이 이상적이라는 개념이다. 또 다른 유명한 정신분석학자인 에릭 에릭슨Erik Erikson도 비슷한 맥락으로 이렇게 적었다.

　"긍정과 부정의 비율을 볼 때 중심이 긍정 쪽에 좀 더 치우쳐 있다면 훗날 위기를 맞이해도 아이의 발달에 아무 문제가 생기지 않을 가능성이 높다."

이 철학에 따라 우리가 살고 있는 도시화된 현대 사회에서 자연과의 관계를 '그 정도면 충분하다'는 태도로 접근하길 제안한다.

이 책을 읽는 독자들 가운데 내가 지금 말도 안 되는 소리를 하고 있다고 생각하는 사람도 있을 것이다. '자연과 멀어졌다고 해서 문제가 생길 수 있고, 정신 건강이 나빠질 수 있다니 말이 안 되잖아?' 라고 말이다. 사람마다 의견이 다를 수 있다. 여기서 설교를 늘어놓을 생각은 없다. 그러나 내 말에 전적으로 동의하거나 지금껏 이 책을 읽으며 어느 정도 수긍하는 독자를 위해 개개인의 욕구에 따라 정도의 차이는 있겠지만 자연과 '그 정도면 충분하다'는 느낌이 드는 관계를 형성하는 틀을 제시하고자 한다.

# 식물을 일상생활과 연결하기

심리치료에서 해소되지 않은 애착 관계나 파괴적인 영향을 끼친 애착 관계로 인한 정신 건강 문제를 다룰 때 가장 중요한 것은 내담자와 치료사의 관계다. 여기에 더불어 부모가 아이의 욕구를 헤아리듯 치료사가 내담자의 마음을 이해해야만 치유가 가능하다. 내담자의 욕구를 헤아리지 못하면 치료 효과는 오래 지속될 수 없다. 이와 같은 논리로, 식물과 자연을 일상생활과 연결하는 과정을 개인의 필요와 선호에 따라 세 가지 단계로 나누어 점진적으로 접근하고자 한다.

### 첫 번째 단계: 수동적 노출

첫 단계는 수동적 노출이다. 그저 식물과 함께 있기만 해도 우리의 내면과 웰빙에 긍정적인 작용을 한다는 것이 핵심이다. 식물과 가까이할 때 몸과 마음이 회복되는 효과가 있다는 것을 이제 알게 되었으니, 자신만의 작은 식물원을 꾸며 보는 것은 어떨까? 요즘에는 다양한 식물을 손쉽게 구할 수 있어 전혀 어려운 일이 아니다. 식물을 집에 들일 생각이 있다면 자신의 니즈에 가장 적합한 식물이 무엇일지 찾는 과정을 수월하게 하고자 '호흡'과 '회복'으로 카테고리를 단순하게 분류했다.

정리하면, '호흡 식물'은 공기의 질을 향상하는 데 효과적인 식물들이다. 여기에는 공기를 정화하고 가습 효과가 있으며 심지어 먼지까지 해결해주는 식물이 소개되어 있어 피부가 건조하거나 천식, 알레르기 등 호흡기 관련 질환이 있는 사람에게 좋다.

'회복 식물'은 생리적, 심리적인 회복을 돕는 성질을 지녔다. 여기에는 특정한 형태(길게 뻗기보다는 옆으로 풍성하게 자라는 형태), 색감(선명한 초록색)을 띠거나 잎이나 성장 형태에서 뚜렷한 프랙털 패턴을 보여 시각적으로도 기쁨을 주는 식물이 등장한다.

수동적 노출로 식물이 주는 혜택을 누리고 싶지만 돌보는 일은 부담스럽다면 손이 많이 가지 않는 식물을 고르면 된다. 식물마다 돌보는 법이 소개되어 있으니 참고하면 도움이 될 것이다.

## 두 번째 단계: 능동적 참여

식물과 함께하는 삶을 시작한 후 적극적으로 관계를 맺는 단계다. 바깥 정원에서 식물을 키우든, 실내에서 잎을 닦아주든 식물과 교감하는 행위는 치유의 힘을 발휘할 뿐 아니라 마음챙김을 수행하는 기회로 활용할 수 있다.

본질적으로 마음챙김이란 현재의 어떤 대상에 온전히 집중하는 것을 의미한다. 과거에 벌어진 일이나 미래에 닥칠 일을 걱정하지 않고 현재 순간에 완전히 몰입하는 행위다. 마음챙김을 하면 불안이 낮아지고, 주의집중력이 높아지며, 감정 조절 능력이 커지고 균형 잡힌 시각을 얻는 등 다양한 이점이 있다. 식물로 행하는 마음챙김의 묘미는 살아있는 생명체를 대상으로 하기 때문에 오감을 자극한다는 점이다. 감각을 활용하면 우리 몸을 인식하고, 현재 순간에 집중하며, 고된 일상에서 벗어나 특별한 순간을 경험하고, 잠깐이나마 모든 것을 잊음으로써 해방감을 느낄 수 있다.

식물과 교감하거나 식물을 돌보는 일은 누구나 자연스럽게 마음 챙김에 빠져들 수 있는 응용 명상의 하나로 이해할 수 있다. 또한 식물 돌보기는 자연과 의미 있는 관계를 형성하는 첫걸음으로, 앞서 첫 번째 단계에 등장한 식물의 다양한 효과도 경험할 수 있다.

능동적인 참여는 집에 식물이 있다면 누구나 참여할 수 있고, 식물에 따라 돌봄이 필요한 정도가 다른 만큼 자신이 원하는 정도로 교감을 나눌 식물을 선택해 시도할 수 있다. 좀 더 교감하고 싶다면 물을 자주 주어야 하는 식물이나, 관심을 많이 기울이고 돌볼수록 빨리 성장하거나 꽃을 피우는 등 일종의 보상을 전해주는 식물을 고르면 된다.

식물로 행하는 응용 명상에 관심이 생긴다면, 식물을 돌보는 그 순간에 온전히 집중하는 감각 명상을 시도해보는 것도 좋다.

### 세 번째 단계: 내면화

식물을 지속적으로 접하고 교감하면서 성취할 수 있는 단계다. 사실 생명이 있는 식물과 함께하며 웰빙 효과를 경험하려면 결국 이 모든 과정을 내면화해야 한다.

식물과 긍정적인 상호관계를 형성할 때 경험할 수 있는 놀라운 에너지는 누구나 원하는 것이라고 생각한다. 내담자의 심리 치료 도구로 식물을 활용했던 나는 이 대단한 변화를 직접 지켜봤다. 그러나 이쯤에서 기대감을 너무 높이지 않는 것이 좋을 것 같다. 심리 상담을 받거나 체중 감량을 할 때 단기간에 원하는 것을 얻을 수 있다는 생각은 버려야 한다. 굳은 결심으로 과정에 충실히 임할 뿐 자신의 문제를 해결해주는 특효약이 없다는 것을 명심해야 한다.

참여에서 내면화로 옮겨가기 위해서는 의도가 가장 중요하다. 이 세 번째 단계에 이르는 데 도움을 주고자 '교감' 활동을 고안했다. 식물과 반복적으로 상호작용을 나눌 때 정서적 웰빙의 핵심인 자존감이 높아질 뿐 아니라 자기 자신, 타인, 당신을 둘러싼 환경과 더욱 연민 어린 관계를 형성할 수 있다. 우리 안의 호기심을 자극해 꾸준히 행하도록 만드는 이 활동이 식물과 능동적으로 함께하는 삶의 시작이 되길 바란다.

## 식물로 행하는 감각 명상

이 명상을 제대로 경험하기 위해서는 바질이나 로즈메리와 같은 허브를 보며 하는 것이 좋다.

**이완**

→ 허리를 반듯이 한 채로 의자에 편안히 앉아 두 발은 바닥에 닿도록 한다. 양손은 허벅지나 테이블 위에 올려놓는다.

**호흡**

→ 호흡법에 대해선 신경 쓰지 않아도 된다. 몸을 고요히 진정시킨 뒤 자신이 호흡을 하고 있다는 사실에만 집중한다. 편안하고 고르게 그저 호흡한다.

→ 숨이 몸 안에 들고 날 때 움직임을 인식한다. 깊이 들이마시고 끝까지 내뱉되 지나치게 의식하거나 호흡법을 바꾸려 하지 않는다. 호흡을 인지하고 집중하면 된다.

→ 이제 자신의 의식을 몸으로 옮긴다. 의자에 앉아 있는 몸과 몸으로 전해지는 감각에 집중한다. 잠시 몸의 감각을 인지하는 시간을 갖는다.

→ 한 번씩 마음이 흐트러지고 표류할 것이다. 그럴 때마다 비판하지 않고 그저 의식을 호흡으로, 몸에 전해지는 감각으로 되돌린다.

→ 이제 자신의 의식을 눈으로, 시선이 향하는 방향으로 집중시킨다. 자신 앞에 놓인 식물을 인지하고, 몰입하고, 바라보고, 그 존재를 느낀다.

→ 식물의 색깔과 모양, 무늬를 인식한다. 잎이 줄기에 어떤 형태로 붙어 있는지 관찰하고, 잎마다 제각기 다른 각도로 휘어지고 구부러져 있는 생김새를 살핀다. 줄기가 어떤 형태로 뻗어 있는지 흙에서부터 줄기 끝까지 차분하게 관찰한다. 새잎이 올라오고 늙

은 잎이 시들어 떨어지는 순환에 대해 고찰한다.

→ 숨을 들이마시고 내뱉으며 몸 안에 에너지가 흐르는 것을 인식하는 동시에 식물의 에너지 흐름에 대해 상상해본다. 식물이 발산하는 아름다움을 음미한다.

→ 근육의 움직임을 인지하며 식물로 손을 뻗는다.

→ 잎을 조심스럽게 만지며 외부 질감을 느낀다. 잎을 아주 살짝 눌러 내부 질감이 어떤지 인식한다. 식물과 교감하며 손으로 전해지는 감각에 집중한다. 잎의 앞면과 뒷면을 모두 쓰다듬고 줄기와 흙을 어루만지며 전해지는 질감과 온도가 어떻게 달라지는지 인식한다.

→ 식물 전체를 의식한다.

→ 당연하게도 마음에 다른 생각이 찾아들 텐데, 그럴 땐 자신의 의식을 다시 호흡으로, 그리고 눈앞의 식물로 되돌린다. 숨을 들이마시고 내뱉는다.

→ 화분을 들어 올려 손에 전해지는 무게를 느낀 뒤 빛이 드는 쪽으로 화분을 비추어 좀 더 자세하게 살핀다. 화분에 드리워지는 명암을 관찰하고, 빛 아래서 화분을 이리저리 돌려보며 명암이 어떻게 달라지는지 살핀다. 자신의 앞에 놓인 대상을 그저 인식한다.

→ 의식을 다시 호흡으로 돌린 뒤 숨을 마시고 뱉으며 공기가 몸 안으로 흘러들어오고 나가는 흐름을 인식한다.

→ 식물을 코 가까이로 가져오며 근육의 움직임을 인식한다. 향이 있는 식물이라면 그 향이, 그렇지 않은 경우 흙의 냄새가 느껴질 것이다. 숨을 들이마실 때마다 주변에 퍼지는 은은한 향을 느낀다.

→ 자신의 의식을 몸의 내부에 집중시킨 뒤 입이나 복부에서 어떤 변화가 감지되는지 살핀다. 식물의 부분마다 향이 어떻게 다른지 느낀다. 어쩌면 계속 냄새를 맡고 있던 탓에 전보다 향이 잘 느껴지지 않을 수도 있다.

→ 이제 식물에 손을 뻗어 조심스럽게 잎을 하나 떼어낸다. 이때도 마찬가지로 자신의 근육이 어떻게 움직이는지 인식한다. 엄지와 검지로 잎을 만지며 질감을 느끼고, 표면을 살짝 누를 때 질감이 어떻게 달라지는지 살핀다. 이제 자신의 손을 코에 대고 손에 묻어난 향을 맡는다. 향이 몸 안으로 흡수되도록 깊이 숨을 들이마시며 전해지는 감각을

인식한다.

→ 식용 식물이라면, 맛을 보는 것도 좋다. 입안에서 그 향과 풍미가 어떻게 달라지는지 살핀다.

→ 몸에서 전해지는 감각에 집중한다. 어쩌면 속이 좀 메스꺼울 수도 있고, 어쩌면 맛있다고 느껴져 더 먹고 싶다는 생각이 들 수도 있다. 또 잎을 삼켜보고 싶을 수도 있다. 그 경우, 잎이 입에서부터 아래로 이동할 때 전해지는 느낌을 인식한다. 잎을 뱉어내고 싶으면, 뱉은 후 입안의 감각이 어떻게 달라졌는지 인식한다.

→ 마음이 산란해지면 다시 천천히, 그리고 조심스럽게 앞에 있는 식물과 몸의 감각과 호흡에 의식을 집중한다.

→ 식물이 전해준 감각과 느낌을 떠올리며 마지막으로 한 번 더 식물을 경이롭게 바라본다. 당신이 느낀 감각과 느낌이 당신을 둘러싼 환경과 자연, 다른 생명과 연결되어 있음을 고찰한다. 식물의 에너지가 흐르는 방향을 인식한다. 자신의 몸 안에 흐르는 에너지와 호흡을 인식한다.

→ 명상을 마친 후에는 무위non-doing의 상태, 존재being의 상태에 깊이 빠져들어 스스로 성장할 기회를 마련한 자기 자신이 대견하게 느껴질 것이다. 자신의 본 모습에 집중하고, 자신이 머물고 있는 순간에 몰입하는 시간을 가진 것이다. 오늘 수행으로 배웠던 것을 당신의 삶 곳곳에 적용하길 바란다.

5장

몸과 마음을 어루만지다

# 호흡

공기 정화와 가습 효과가 있는 식물

감사하게도 광합성의 부산물 덕분에 식물은
천연 가습기 역할을 하고 공기 중 독소물질을 제거하는 기능
도 있다. 이를 통해 호흡기 건강과 면역력을 높일 수 있다.

아레카 야자 Areca palm

*Dypsis lutescens, Chrysalidocarpus lutescens*

황야자yellow palm 또는 나비 야자 butterfly palm로도 불리는 아레카 야자는 마다가스카르가 원산지로, 자생지인 강기슭이 점차 줄어들고 있어 마다가스카르에서는 멸종 위기에 처한 식물이다. 하지만 중앙아메리카와 카리브해 지역, 플로리다 지역에서 자생하기 시작했다. 자연에서는 3미터까지 자라지만 실내에서는 성장 속도가 느리고 최대 2미터까지밖에 자라지 않는다. 주변 환경에 만족하면 여름철에 노란 꽃이 핀다. 루테센스(lutescens)라는 학명은 라틴어로 '자라나는 노란색'이란 뜻으로, 노란빛이 도는 줄기를 가리킨다.

## 식물이 하는 일

호흡 아레카 야자는 포름알데히드와 크실렌을 흡수해 공기를 정화한다. 또한 최고의 천연 가습기 역할을 하는 식물로 아레카 야자는 한 그루가 24시간 동안 1리터의 수분을 방출한다. 피부 수분 공급에도 좋을 뿐 아니라 건조한 공기를 피해야 하는 부비강이나 호흡기 질환이 있는 사람에게 특히나 도움이 된다. 침실에 두면 자는 동안 코가 건조해지지 않는다.

## 식물을 돌보는 법

빛 밝은 간접광이 잘 드는 곳이 가장 좋다. 약간 그늘이 져도 큰 문제는 없지만 식물의 성장을 저해한다.

물 봄부터 가을까지는 흙 표면이 말랐을 때 물을 주되 겨울철에는 관수(물주기) 주기를 좀 더 길게 해 흙 안쪽이 마르면 물을 준다.

*Tip.* 겨울철에는 난방 기구에서 먼 곳에 배치하고 봄에 분갈이를 한다. 단, 뿌리가 화분에 꽉 찼을 때만 분갈이를 한다. 이 식물은 너무 여유가 있는 것보다 딱 맞는 화분을 좋아한다.

# 크리스피 웨이브 Crispy wave fern

Asplenium nidus 'Crispy Wave'

*Tip.* 습기를 좋아하는 식물의 특성상, 빛
이 충분히 드는 화장실이 최적의 장소이
다. 온도가 너무 낮으면 잎 끝이 갈색으
로 변한다.

일본('주름진 일본 새둥지 고사리'로도 불린다)과 대만이 원산지인 이 식물은 축축한 나무나 바위 사이에 착생해 자란다. 잎이 단단해 고사리과의 다른 식물에 비해 튼튼할 뿐 아니라 적응력도 높아 생명력이 강하다. 공간만 허락된다면 왕성하게 자라는 식물이므로 분갈이를 주기적으로 해주는 것이 좋다. 다른 고사리과 식물과는 달리 길이 1.2미터에 너비 50센티미터까지 풍성하게 자란다. 아스플레니움(asplenium)은 비장초spleenwort 또는 비장 허브spleen herb를 의미하는 그리스어의 asplenon에서 기원한 것으로, 중세 시대까지만 해도 비장에 이상이 생겼을 때 이 식물을 달여서 마셨다.

## 식물이 하는 일

**호흡** 공기 정화에 탁월한 효과를 보이는 식물이다. 식물이 산소를 방출하는 데 중요한 역할을 하는 것이 바로 잎 표면인데, 크리스피 웨이브의 주름진 잎은 다른 고사리 식물에 비해 기능적으로 훌륭하다. 두툼한 잎으로 공기 속 포름알데히드와 크실렌도 매우 효과적으로 정화한다.

**회복** 우리는 식물의 생명력 넘치는 초록빛 색깔을 보며 건강함과 상쾌함을 떠올린다. 전체적으로 둥근 로제트(민들레처럼 방사상으로 퍼지는 모양-옮긴이) 모양으로 자라면서 나선형으로 펼쳐지는 형태와 잎의 구불구불한 웨이브가 프랙털 패턴을 형성해 우리의 집중력을 사로잡는다.

## 식물을 돌보는 법

**빛** 직사광선을 피해 적당히 해가 드는 곳에 둔다.

**물** 흙을 촉촉하게 유지해야 하지만 물이 고일 정도면 뿌리가 썩는다. 2~3일에 한 번씩 분무기로 물을 뿌려주면 최상의 상태를 유지할 수 있다.

스킨답서스 Devil's ivy

*Epipremnum aureum*

동남아시아가 원산지로 '악마의 덩굴'(또는 골든 포토스golden pothos)이라고도 불리는 이 식물은 나무 줄기에서 자라며 다양한 파충류의 먹잇감을 제공한다. 생장력이 좋아 2.5미터 이상 자란다. 빛이 잘 들지 않는 곳에서도 문제 없고 물을 깜빡하고 주지 않아도 괜찮아 식물에 취미가 없는 사람들이 키우기에 좋다. 줄기를 길게 늘어뜨리거나 타고 올라가며 자라기 때문에 행잉 바스켓이나 이끼 기둥에서 키우는 것이 이상적이다. 그늘진 구석에 두어도 금빛 또는 흰색 마블링 무늬가 나온다. 라틴어 에피프레넘(epipremnum)은 그리스어 '~에on(epi)'와 '줄기stem(premnun)'에서 유래된 용어로, '나무의 줄기에서 자라는 식물'이란 뜻이다.

## 식물이 하는 일

호흡 스킨답서스는 다른 어떤 식물들보다 공기 정화 효과가 높은 식물 중 하나다. VOCs를 흡수하고 분해해 공기를 깨끗하게 만든다. 또한 가습과 광합성이 뛰어나 우리의 건강에도 이로운 효과를 전해준다.

회복 햇빛의 영향을 크게 받지 않아 빛이 잘 들지 않는 침실에 두기 좋다. 침대 위에 행잉 플랜트로 올려두고 매일 아침 무성한 초록의 숲을 마주하며 눈을 뜬다면 굉장히 기운 넘치고 상쾌하게 하루를 시작할 수 있을 것이다.

## 식물을 돌보는 법

빛 빛에 대한 적응성이 무척 강하기 때문에 간접광부터 음지까지 어느 곳에 두어도 잘 자란다.

물 겉흙이 마르면 물을 주지만 한 번씩 물주기를 잊는다 해도 크게 문제가 되지 않는다.

*Tip.* 죽은 잎을 가지 치고 마디 바로 위로 줄기를 잘라내면 수형을 아름답게 유지할 수 있다.

# 선녀무 Felt Plant

*kalanchoe beharensis*

올리브 회색빛을 띠는 이 상록 관목은 마다가스카르의 가시덤불숲이 원산지이지만 가시 대신 부드러운 솜털로 덮여 있다. 이 식물은 초식동물의 공격에 대비한 독특한 방어기제를 가지고 있다. 건조한 지역에서 자라는 다른 식물들처럼, 초식동물의 위험을 감지하는 즉시 신호를 주고받는 네트워크를 구축한다. 그러면 스트레스 수용체의 신호로 잎이 갈라지며 딱딱하게 부서진다. 조각난 잎사귀가 동물의 식욕을 떨어뜨려 공격을 피할 수 있다. 학명인 베하렌시스(beharensis)는 원산지인 마다가스카르의 베하라를 의미한다.

## 식물이 하는 일

호흡 선녀무는 습도가 낮아도 잎에서 수분 균형을 조절하는 능력이 있는 몇 안 되는 식물 중 하나다. 낮에는 수분 손실을 막기 위해 잎의 기공을 닫지만 저녁에는 이산화탄소를 흡수하기 위해 기공을 여는 광합성 시스템, 크레슐산 대사 작용 덕분이다. 즉, 침실에 둔다면 자는 동안 호흡을 통해 나오는 이산화탄소를 처리해줄 수 있다는 뜻이다.

회복 솜털로 뒤덮인 듯 벨벳 같이 부드러운 잎의 독특한 질감 덕분에 자꾸만 만지며 교감하게 만드는 식물이다.

## 식물을 돌보는 법

빛 밝은 빛과 햇빛을 좋아해 창문 근처나 창틀 위에 올려둔다.

물 건조에 강한 다육식물이라 과습에 민감하므로 흙이 마르면 물을 준다. 겨울철에는 물이 거의 필요하지 않아 3~4주에 한 컵 정도면 충분하다.

*Tip.* 따뜻한 곳을 좋아하는 식물로 찬바람이 부는 곳이나 온도가 낮은 곳에서는 잘 자라지 못한다.

**필로덴드론 스쿠아미페룸** Fuzzy philodendron

*Philodendron squamiferum*

프랑스령 기아나와 수리남, 브라질 북부지역이 원산지로 다른 나무의 꼭대기까지 타고 올라가며 자라는 식물이다. 따라서 집에서 키울 경우 지지대를 두어야 한다. 붉은빛이 도는 줄기를 덮은 짧은 털이 해충의 공격을 방지하고 증산작용으로 인한 수분 손실을 줄이는 동시에 공기 중 수분 흡수율을 높인다. 1950년대 실내 식물로 많은 사랑을 받았다가 1960년대에 들어 인기가 시들해졌다. 2005년 시장에 다시 등장하며 또 한 번 각광받았다.

### 식물이 하는 일

호흡 필로덴드론은 공기 정화 효과가 뛰어나다. 큰 잎으로 매직펜, 접착제, 페인트에서 나오는 두통 유발 물질인 크실렌을 제거한다.

회복 이 식물의 진짜 매력은 독특한 외관에 있다. 잎이 자라면서 다섯 개의 소엽이 펼쳐지는 듯한 특이한 형태를 띠는데, 이 변화의 과정을 지켜보며 꾸준히 마음챙김을 수행하기에 좋다. 부들부들한 줄기는 자꾸만 우리의 손길을 이끌어 자연과 더욱 깊이 교감하게 만든다.

### 식물을 돌보는 법

빛 어떤 빛에도 쉽게 적응하지만 직사광선은 피하는 것이 좋다.

물 물을 지나치게 많이 주면 안 된다. 겉흙이 마르면 물을 주되 습도 유지가 중요한 식물이라 주기적으로 분무기로 물을 뿌려준다.

*Tip.* 크고 매끈한 잎과 털이 보송한 줄기에 먼지가 앉기 쉬우니 젖은 천으로 주기적으로 닦아주는 것이 좋다.

**산세베리아** Mother-in-law's tongue

*Sansevieria trifasciata*

나이지리아부터 콩고까지 서아프리카가 원산지인 이 식물은 사람의 손길이 거의 필요하지 않다. 물이 고일 정도로 지나치게 많이 주거나 너무 오랜 기간 낮은 온도에 노출되지 않도록 주의하면 된다. 산세베리아의 이름(시어머니의 혀-옮긴이)은 뾰족하고 긴 잎의 모양에서 유래한 것으로 여성의 독설에 빗대었다. 시어머니 선물용으로는 그리 좋은 아이템이 아니다. 아프리카에서는 산세베리아에서 섬유를 추출해 바구니와 활시위를 만든다. 한국에서는 개업 선물로 인기가 많고, 바베이도스에서는 이 식물이 행운을 불러온다고 믿는다. 몇 달 또는 몇 년간 별다른 변화 없이 있다가 어느 순간엔가 꽃망울이 맺힌 긴 꽃자루가 올라온다. 며칠 지나면 꽃망울이 열려 하얀 백합과 비슷한 꽃이 피고 달짝지근한 향이 퍼진다. 꽃이 다시 피려면 몇 년이 걸릴 수 있으니 사진을 찍어두도록 하자.

## 식물이 하는 일

호흡 공기 정화 능력이 뛰어나다. 벤젠(접착제, 페인트, 세제), 포름알데히드(파티클 보드, 합판, 섬유판), 크실렌(페인트, 접착제, 유성펜)을 흡수하고 제거하는 데 효과적이다.

회복 생명력이 강해서 식물에 대한 지식이 거의 없는 사람도 키우기 좋다. 식물이 죽으면 누구나 스트레스를 받는 만큼, 산세베리아는 모두를 행복하게 해주는 식물이다.

## 식물을 돌보는 법

빛 해가 적당히 비치는 곳이나 밝은 간접광이 좋지만 빛이 좀 덜 들어도 크게 문제되지 않는다.

물 봄에서 가을까지는 열흘에서 2주에 한 번씩, 겨울철에는 흙이 완전히 마르면 물을 준다.

*Tip.* 생명력이 강한 식물로, 키우기가 그리 까다롭지 않다.

**필로덴드론 스칸덴스** Sweetheart plant

*Philodendron scandens*

*Tip.* 잎을 주기적으로 닦아주어야 하는데 식물이 음지에 있는 경우에는 특히나 잎을 닦는 것을 잊어선 안 되고, 추운 곳에 두어선 안 된다.

중앙아메리카와 카리브해 지역이 원산지인 이 식물은 자라는 속도가 빨라 실내를 정글로 꾸미기에 가장 적합하다. 아래로 늘여도 좋고 이끼 기둥을 타고 올라가도록 할 수도 있다. 다만, 줄기가 3미터까지 자란다는 점은 염두에 두어야 한다. 힘없이 늘어질 때는 마디 바로 위에서 줄기를 자르면 그 위치에서 새 줄기가 올라온다. 필로덴드론(philodendron)은 그리스어의 사랑(philo)과 나무(dendron)에서 유래해 '나무를 사랑한다' 또는 '나무를 껴안는다'란 의미를 담고 있다. 필로덴드론에 속하는 식물 여러 종이 나무를 타고 올라가며 자라는 습성이 있으니 꽤 적절한 이름이다.

### 식물이 하는 일

호흡 공기 정화 효과가 높은 이 생명력 강한 식물은 포름알데히드(가구용 목재로 흔히 쓰이는 파티클 보드, 합판에서 방출된다)를 제거하는 데 특히나 좋다.

회복 하트 모양의 청명한 초록 잎은 생명력에 반응하는 우리의 본능을 일깨워 기운을 회복시키고 상쾌한 기분을 느끼게 해준다. 필로덴드론 식물들은 보통 성장 속도가 빨라 자연과 단기간 내 친밀감을 높일 수 있을 뿐 아니라 기분 전환에도 좋다. 줄기를 자르고 수형을 다듬는 활동을 통해 교감을 나누고 마음챙김도 행할 수 있다.

### 식물을 돌보는 법

빛 해가 적당히 비치는 곳부터 빛이 적게 드는 곳까지 가리지 않고 잘 자란다. 빛이 많이 드는 장소도 괜찮지만 직사광선이 닿으면 잎이 누렇게 마른다.

물 봄부터 가을까지는 흙을 축축하게 유지하고 며칠에 한 번씩 분무기로 물을 준다. 겨울철에는 흙 표면이 마를 때만 물을 준다.

# 얼룩자주달개비 Wandering dude

*Tradescantia zebrina*

우리 몸과 정신의 건강을 향상하는 데 다양한 효과를 발휘하는 식물이다. 멕시코, 중앙아메리카, 콜롬비아가 원산지이나 몇몇 아시아 국가와 아프리카, 남아메리카, 호주에 도입되어 자라고 있다. 번식력이 강해 남아프리카에서는 침입종으로 분류되어 번식과 재배가 금지되었다. 실제로 멕시코에서는 식물의 번식력 때문에 '뻔뻔한 것sin verguenza'이라고 불리기도 한다. 실버 인치 플랜트silver inch plant라고도 불리는데, 매주 1인치씩 자라는 빠른 성장 속도와 삽목(식물의 일부를 잘라내어 다시 뿌리 내리게 하는 번식방법-옮긴이)하는 데 1인치만 잘라서 심어도 충분하다는 데서 유래했다(삽목을 시도해보고 싶다면 190쪽을 참고하길 바란다).

## 식물이 하는 일
호흡 VOCs를 흡수하는 능력이 특히 뛰어나 최근 인테리어 공사를 한 경우 얼룩자주달개비 화분을 몇 개 들인다면 페인트 냄새를 없애는 데 효과적이다.

회복 잎 앞면에는 화려한 은색, 초록색, 자주색 줄무늬가 새겨져 있고 뒷면은 멋진 자주색을 자랑하는 이 식물은 부드러운 벨벳 질감에 반짝이는 광택이 돌아 사람을 매료하는 힘이 있다. 줄기가 자라면서 나타나는 프랙털 패턴은 무한함을 상징하는 동시에 마음의 평온을 가져온다.

## 식물을 돌보는 법
빛 밝은 간접광을 좋아하고, 빛이 부족하면 잎의 무늬가 희미해진다.
물 봄, 여름, 가을에는 흙 표면이 말랐을 때 물을 주고 주기적으로 분무기로 뿌려준다. 겨울에는 흙이 대부분 말랐을 때만 물을 준다.

*Tip.* 봄에 줄기 끝을 다듬어주면 무성하게 잘 자란다.

호야 Wax plant

*Hoya carnosa*

아시아의 열대 지방과 아열대 지방에서 유래한 호야는 1950년대와 1960년대 실내 식물로 큰 인기를 끌었고 최근에 다시 유행하고 있다. 호야는 성체로 충분히 성장해야 은은한 향기를 풍기며 별 모양으로 둥글게 피는 꽃을 만날 수 있는데, 이 꽃은 몇 주간 유지된다. 꽃이 올라왔던 줄기에서 또 꽃을 피우니 개화한 줄기가 덩굴처럼 길게 자라도 잘라서는 안 된다. 호야 종만 해도 600~700종에 달해 대부분 제대로 된 이름과 정보가 없다. 호야는 보통 나무 꼭대기에서 자라는 식물이라 식물학자들이 채집하기가 어려운 탓이다. 따라서 접근이 쉬운 벌채목에서 채집하는 경우가 대부분이다.

### 식물이 하는 일

호흡 2009년 한 연구에서 VOCs 제거에 좋은 식물 5위 안에 들었을 정도로 공기 속 오염물질을 흡수하는 능력이 탁월하다. 뛰어난 공기 정화 능력 외에도 잎 표면의 왁스 층에 먼지를 가두기 때문에 먼지 알레르기가 있는 사람이 키우면 더욱 좋다.

회복 꽃의 프랙털 패턴이 우리의 감각을 자극한다. 거기에 은은하고 달콤한 꽃향기까지 더해지면 마음을 완전히 사로잡는다.

### 식물을 돌보는 법

빛 밝은 간접광을 선호한다. 다육성 식물이라 빛이 너무 잘 드는 곳에 두면 잎이 누렇게 타들어간다.

물 과습에 매우 취약한 식물이라 오히려 한 번씩 물주기를 거르는 쪽을 선호하는 식물이다.

---

*Tip.* 지나친 손길과 잦은 이동을 싫어하므로 적당한 장소에 계속 놓아두어야 한다. 안정적으로 자리를 잡았다고 인식하지 않으면 꽃을 피우지 않는다.

# 회
# 복

패턴이 분포한 형태, 선명한 색감, 잎 모양으로
강력한 환경 신호를 보내는 식물들은 집중력을 높이고,
스트레스를 낮추며, 행복도를 높인다.

# 극락조화 Bird of paradise

*Strelitzia reginae*

*Tip.* 극락조화는 완전한 성체
가 된 후에만 꽃을 피우는데, 보
통 성체가 되기까지 3년, 꽃을
피우기까지 4~5년이 걸린다.
성체 뿌리가 화분에 꽉 찰 정도
가 되면 꽃이 피지만, 실내에서
는 키우기가 쉽지 않다.

바나나 나무의 먼 친척뻘로 '야생 바나나'로도 불린다. 극락조화는 5가지 품종이 있는데 그중 스트렐리치아 레기나이, 스트렐리치아 니콜라이가 실내 식물로 적합하다. 남아프리카 출신인 이 식물의 이름에는 왕족을 기리는 의미가 담겨 있다. 니콜라이 종은 '대형 극락조'라는 별칭으로 알 수 있듯이 6미터까지 크게 자라지만 레기나이는 1.5미터에서 2미터 정도로 자라 열대식물로는 비교적 작다. 극락조화는 곤충이 아니라 참새목에 속하는 태양새에 의해 수정이 된다. 태양새가 극락조화 꽃의 '부리'에 앉는 순간 꽃가루가 새의 몸에 붙어 다른 꽃으로 이동한다.

## 식물이 하는 일

회복 아름다운 수형과 압도적인 크기는 어떤 실내 환경에서도 멋지게 어울린다. 극락조화 화분 하나면 메말랐던 장소가 금세 자연과 연결되는 공간으로 탈바꿈한다. 식물의 크기가

크면 아무래도 우리의 시야에 좀 더 자주 띄게 마련인데, 연구에 따르면 주변시로 식물을 인식할 때 혈압과 스트레스 호르몬이 낮아진다고 한다. 이뿐만 아니라 꽃을 피우기까지의 과정을 통해 성취감과 만족감을 느낄 수 있다.

## 식물을 돌보는 법

빛 밝은 빛을 좋아하지만 한낮의 강한 햇빛에는 어린잎이 탈 수 있으므로 주의한다. 5월에서 9월까지는 기온이 따뜻하고 바람이 심하게 불지 않으면 야외에 두어도 괜찮다. 야외에서 낮에는 15도, 밤에는 8도까지 견딜 수 있다.

물 잎이 커서 증산작용으로 인한 수분 손실이 많다. 봄, 여름, 가을에는 흙을 자주 확인해 촉촉하게 유지해주어야 하고, 겨울철에는 흙 겉면이 말랐을 때 물을 공급한다. 물을 많이 주면 잎이 갈색으로 변하며 바싹 말라가고, 물이 부족하면 잎끝이 노랗게 된다.

# 인삼벤자민 Bonsai ficus

*Ficus ginseng*

*Tip.* 보기 싫게 뻗은 가지를 잘라주
면 수형을 잘 가꿀 수 있는데, 줄기를
자를 때 나오는 수액이 피부 질병을
일으킬 수 있으므로 조심해야 한다.

분재나무 가운데 뽕나무과가 키우기 가장 쉽고, 수명도 수십 년에 달해 이 식물을 들인다면 평생의 친구에게 투자하는 것이나 다름없다. 말레이시아에서 약 15년간 재배한 뿌리를 접목시켜 분재 형태로 만든 후 네덜란드로 옮겨 온실에서 키운다. 건강에 좋다고 알려진 재래종 인삼과 다른 식물이므로 섭취해서는 안 된다.

## 식물이 하는 일

회복 분재 식물은 스트레스 완화 효과가 높은 것으로 알려져 있다. 분재를 손질하고, 수형을 다듬고 돌보는 일이 품은 들지만, 이 과정에서 노력과 인내심이 결실을 맺는다는 동양 철학의 중요한 가르침을 얻는다. 분재 식물을 보살피며 우리는 작은 변화에 관심을 기울이는 법을 배우고, 어떤 일의 근본 원인이 무엇인지 고민하는 태도를 기르며, 자신을 돌보는 법도 깨닫게 된다. 분재는 일본에서 '와비사비wabi-sabi'라고 말하는 개념과 때

려야 뗄 수 없다. 와비사비란 간단히 말해 불완전성을 수용하는 태도다. 분재가 자라는 모습을 그대로 수용함으로써 우리는 일상 속 경험을 달리 인식하는 법을 배우고, 실패가 새로운 시작이자 긍정적인 태도를 배울 기회임을 깨우친다. 피쿠스Ficus(무화과나무속-옮긴이) 식물은 일반 분재 식물보다 수고가 덜하지만 나무의 형태를 유지하기 위해 각별한 손길이 필요하다. 수형을 보기 좋게 잡아주기 위해서는 잎을 정리해야 한다. 피쿠스와 다른 분재 나무의 유일한 차이점은 서툰 손길도 너그럽게 이해해준다는 것이므로 처음 도전해보기에 가장 적합한 나무다.

## 식물을 돌보는 법

빛 밝은 간접광이 가장 좋지만 어느 정도 그늘에서도 잘 견딘다. 직사광선을 받으면 잎이 떨어진다.
물 흙 표면이 말랐을 때만 물을 주되 이때 부족한 듯 주어야 한다.

# 중국 돈나무 Chinese money plant

*Pilea peperomioides*

*Tip.* 다 자란 후에는 줄기를 지지
대에 고정해야 한다.

처음 이 식물이 알려진 계기가 무척 특이하다. 중국 남서부 지역에 머물던 스코틀랜드 식물학자 조지 포레스트Geroge Forrest가 1906년 처음 발견했지만 이후 잊혔다가 1946년 노르웨이 선교사 아그나 에스페그렌Agnar Espegren의 눈에 띈 후 식물 애호가 사이에서 자구 번식한 중국 돈나무가 널리 퍼졌다. 1970년대 초, 호기심을 참지 못했던 식물 애호가들이 보내온 표본을 통해 큐 왕립식물원과 에든버러 왕립식물원의 식물학자들은 20여 년 전에 스칸디나비아반도로 이 식물이 들어왔음을 밝혀냈다. 스웨덴에서 이 식물에 대한 제보를 요청하는 방송이 나간 후 약 1만여 통의 시청자 편지가 쏟아졌으며, 이후 1984년 〈큐 매거진Kew Magazine(영국의 화초 및 식물 전문 잡지-옮긴이)〉에 이 식물이 소개되었고, 비슷한 시기에 학계에서 정식 명칭을 얻어 등록되었다. 이후 지금까지 큰 사랑을 받고 있다. 동남아시아 지역에서 전해지는 이야기에 따르면 중국 돈나무의 흙 안에 금화를 두면 부와 행운이 찾아온다고 한다.

## 식물이 하는 일

회복 둥근 원에 끌리는 인간의 심리를 충족시키는 식물이다. 심리학 연구진은 도형과 인간의 정서가 연결되어 있는데, 그중 원형은 행복과 연관이 있다고 밝혔다. 밝은 초록빛의 동그란 잎이 가득 달린 식물을 집에 들인다면 한층 여유롭고 편안한 분위기를 더할 수 있고, 번식력이 높은 식물이라 사랑하는 사람들에게도 나누며 식물이 주는 행복을 공유할 수 있다.

## 식물을 돌보는 법

빛 간접광이나 빛이 드는 그늘이 가장 좋다. 직사광선 아래에서는 잎이 노래지다 이내 줄기에서 떨어진다.

물 겉흙이 마르면 물을 준다. 겨울철에는 건조한 공기를 이겨내도록 흙을 촉촉하게 유지하고, 자주 분무기를 뿌려 탈수를 방지한다.

# 악어 고사리 Crocodile fern

*Microsorum musifolium 'Crocodyllus'*

동남아시아와 호주의 열대 지역이 원산지로 보통 습한 음지에서 자란다. 잎의 무늬와 질감이 악어가죽처럼 보여 '악어 고사리'라는 이름을 얻었다. 그러나 악어가죽보다 반짝이는 잎에 우아한 무늬가 돋보여 뱀가죽이나 빙렬 도자기에 비교하기도 한다. 야생에서는 높이와 너비 모두 1.5미터까지 자라나 실내에서는 분갈이를 너무 자주 하지만 않는다면 이보다 작은 크기로 유지할 수 있다. 악어 고사리는 착생식물 또는 기생식물로 불리는 종으로 나무나 야생 바위틈에서 자라며 빗물과 수증기, 낙엽 등에서 수분과 영양분을 얻는다. 실내에서 키울 때는 비료를 섞은 흙을 화분에 채운다.

### 식물이 하는 일

회복 불완전성과 예측성을 상징하는 자연의 프랙털 패턴은 뇌의 알파파를 유도하여, 편안하게 안정되고 깨어 있는 상태를 불러온다. 악어 고사리에서는 두 가지 유형의 프랙털 패턴을 찾아볼 수 있다. 첫째로 로제트 패턴으로 잎이 자라는 형태다. 둘째로는 잎의 질감과 벌집 모양을 띠는 줄무늬다. 울퉁불퉁한 질감이 식물과의 교감을 높이고, 밝은 초록의 색감은 상쾌함과 생명력을 전해준다.

### 식물을 돌보는 법

빛 자연에서는 음지에서 자라는 식물이지만 실내에서 키울 때는 그보다 밝은 곳이 좋다. 그러나 직사광선은 꼭 피해야 한다.

물 흙이 축축한 상태여야 하나 흠뻑 젖어선 안 된다. 조금씩 자주 물을 주는 것이 좋다.

---

*Tip.* 비교적 관리하기 쉬운 식물이지만, 너무 무성해지면 바람이 잘 통하도록 잎을 정리해야 곰팡이 감염을 낮출 수 있다.

# 크로톤 Croton

*Codiaeum variegatum*

크로톤에는 잎 모양과 패턴이 각기 다른 품종이 수백 개나 있는데, 하나같이 빨강, 노랑, 초록, 구리, 주황, 갈색, 핑크, 아이보리까지 다양한 색이 오묘하게 뒤섞여 있다. 원산지인 인도네시아, 말레이시아, 호주, 태평양 제도에서는 두껍고 질긴 잎에 무성하게 자라는 크로톤으로 집 주변 울타리를 세우기도 한다. 집에 들이면 처음 며칠간은 잎이 떨어져 예민한 식물이라는 인식이 높다. 이것은 새 장소로 이동한 식물이 보이는 정상적인 반응으로, 잘 관리해주면 줄기에서 금방 새순이 돋아난다. 크로톤의 씨앗이 진드기처럼 생겼다고 해서 그리스어 진드기(krotos)에서 유래한 이름이다.

## 식물이 하는 일

회복 화려한 색감과 잎의 패턴이 가장 큰 매력이다. 자연이 지닌 잠재력과 매력을 발산하듯 다양한 색감이 뒤섞인 잎을 보면 경이롭기까지 하다. 무

한한 가능성을 떠올리게 하는 크로톤은 우리의 감각을 일깨우고 에너지를 북돋워준다.

## 식물을 돌보는 법

빛 크로톤 품종 대부분이 밝은 간접광을 좋아하고, 빛이 들지 않는 구석진 공간에서는 잘 자라지 못한다. 일반적으로 색감이 다채로울수록 빛이 더 많이 필요하다.

물 크로톤 물주기는 아주 섬세한 기술을 요한다. 물을 좋아하지만 지나친 습기는 싫어하므로 조금씩 자주 주어야 한다. 봄, 여름, 가을에는 흙을 촉촉하게 유지하고 겨울철에는 겉흙이 살짝 마르도록 해야 한다. 미지근한 물을 좋아하는 식물이다.

---

*Tip.* 습도와 기온이 높은 곳을 좋아하는 크로톤은 난방기구 근처(너무 건조하다)와 찬바람이 드는 곳(너무 춥다)을 피하는 것이 좋다. 가장 좋은 장소는 환한 욕실이다.

**난쟁이 코와이** Dwarf kowhai

*Sophora prostrata* 'Little Baby'

뉴질랜드가 원산지로, 노란 꽃이 피는 것을 봄이 오는 징조로 여긴다. 뉴질랜드의 비공식적 국화나 다름없어 우표, 동전에 새겨지는 것은 물론이 식물의 이름을 딴 거리도 여럿이다. 전통적으로 마오리인들은 정착지와 신성한 장소에 코와이 나무를 심어 다양하게 활용했다. 나무껍질은 골절, 상처, 피부 발진에 처방했고, 나무를 태운 재는 피부질환인 백선 치료용으로 활용했으며, 꽃으로 노란색 염료를 만들었다. 코와이 나무 선물의 의미는 존경과 신뢰다. 코와이 kowhai는 마오리어로 '노란색'을 뜻하는데 식물에서 자라는 꽃의 색을 가리킨다.

## 식물이 하는 일

회복 보통 나뭇가지가 뻗어나가는 모습은 프랙털 형태를 띠는데, 난쟁이 코와이는 가장 완벽한 나무 형태를 자랑하는 식물 중 하나다. 몸체에서 지그재그로 뻗은 여린 가지마다 작은 초록 잎들이 달려 있다. 나무 한 그루를 한눈에 담는 듯한 느낌을 주어 흥미와 집중력을 사로잡는다. 초록 잎들은 건강과 생명력을 전해준다.

## 식물을 돌보는 법

빛 밝은 빛과 햇빛을 좋아하기 때문에 창문 근처가 최적의 장소다.

물 일주일에 한 번만 물을 주면 되지만 며칠에 한 번씩 흙 상태를 확인하는 것이 안전하다. 코와이 종은 흙이 비교적 촉촉한 상태를 유지하는 편이 좋지만 그렇다고 해서 고일 정도로 물을 주면 안 된다.

*Tip.* 덤불보다 나무에 가까운 형태로 기르고 싶다면 아래쪽의 가지를 손질하면 된다.

**알로카시아** Elephant ear

*Alocasia*

동남아시아의 보르네오가 원산지인 알로카시아는 79종이 있다. 이 외에도 원종에서 관상용으로 개량된 품종이 상당히 많다. 이 식물의 가장 큰 매력은 뚜렷한 잎맥이 새겨진 큰 잎과 우아하게 뻗어나가는 줄기다. 잭과 콩나무에 등장하는 식물로, '아무리 위험한 기회라도 놓치지 않고 잡아야 한다'는 의미가 있다.

## 식물이 하는 일

회복 먼 곳으로 떠나는 상상을 할 때면 사람들은 대부분 열대 지방을 떠올린다. 인간은 본능적으로 자연을 동경하고, 열대 지방은 푸르른 녹색의 나무가 가득 밀집한 지역이기 때문이다. 선천적으로 초록색 나뭇잎이 가득한 공간에 끌리는 우리를 위해 거대한 크기의 알로카시아가 집 분위기를 완전히 바꿔준다. 식물이 크게 자라면 나뭇잎 아래 편안한 휴식 공간을 마련해 하루의 스트레스를 잊을 수 있다.

호흡 실내 습도를 우리가 가장 편안하게 느끼는 습도로 만들어준다.

## 식물을 돌보는 법

빛 밝은 간접광이 가장 좋다. 직사광선에서는 수분을 잃고, 잎이 타버릴 수도 있다.

물 물을 어떻게 주느냐에 따라 반응이 뚜렷한 식물이다. 물을 많이 주면 '땀을 흘리듯' 잎에 맺힌 물방울이 뚝뚝 떨어지고 물이 부족하면 잎이 아래로 처진다. 물을 계속 과하게 주면 뿌리가 썩을 수 있으니 식물이 보내는 신호를 주의 깊게 관찰해야 한다.

*Tip.* 처음 집에 들인 후 잎이 노랗게 변하며 떨어지는 현상은 일반적이다. 휴면기(보통 겨울철)를 맞으면 잎이 저절로 떨어지는데, 이 시기에는 물을 평소보다 덜 주는 것이 좋다.

**여우꼬리 고사리** Foxtail fern

*Asparagus densiflorus 'Myersii'*

레이스 고사리와 가까운 친척뻘로 이 두 식물을 헷갈리는 경우가 많다. 두 식물을 구분하기 위해선 잎을 자세히 봐야 한다. 여우꼬리 고사리는 줄기가 좀 더 단단해 위로 곧게 올라오지만 레이스 고사리의 줄기는 보드랍고 위로 성장하다가 옆으로 퍼지는 형태를 띤다. 헷갈리는 이야기를 하나 더 하자면. 얼마 전까지만 해도 여우꼬리 고사리는 현재 아스파라거스 고사리asparagus fern로 분류된 식물과 종명이 같았다. 여우꼬리 고사리는 양치식물이 아니라 식용 아스파라거스처럼 백합과 식물이다.

### 식물이 하는 일

회복 여우꼬리처럼 길게 위로 뻗은 잎은 손으로 만져도 식물에 손상이 가지 않을 정도로 견고하다. 바늘처럼 가는 잎이 별 모양을 이루어 완벽에 가까운 프랙털 형태를 띤다.

호흡 2009년, 식물 28종을 대상으로 실내 공기 내 VOCs 제거 효과를 실험한 연구에서 여우꼬리 고사리가 다섯 식물 안에 올랐다.

### 식물을 돌보는 법

빛 간접광이나 빛이 드는 그늘이 가장 좋고 직사광선은 피해야 한다.

물 봄부터 가을까지는 흙을 촉촉하게 유지하고 겨울에는 겉흙이 마르면 물을 준다. 분무기로 잎에 물을 뿌려주면 좋다.

---

*Tip.* 가지치기를 하면 풍성하게 키울 수 있다. 가지치기를 하지 않으면 줄기가 아래로 늘어지며 멋진 행잉 플랜트가 된다.

# 레이스 고사리 Lace fern

*Asparagus setaceus*

남아프리카 원산지로 백합과에 속하는 이 식물은 생장이 빨라 몇몇 아열대 지방에서는 침입종으로 분류된다. 질긴 줄기는 1미터 높이까지 자라는데 지지대가 없으면 줄기가 아래로 향한다. 1970년대 관상용 식물로 큰 인기를 끌다 사라졌고, 최근 들어 가볍고 보드라운 잎이 다시 유행했다. 식물의 부드러운 잎을 가리켜 라틴어 깃털이 많은(plumosus)이라는 단어를 학명에 붙일 때가 많다.

### 식물이 하는 일

회복 레이스 고사리를 실제로 만져보면 자꾸만 만지고 싶어진다. 부드럽지만 연약하지 않은 이 식물을 어루만질 때 물리적인 접촉을 통해 교감을 나눌 수 있다. 좀 더 가까이서 관찰하면 멋진 프랙털 패턴이 보이는데, 잠시 바라보며 마음챙김의 순간을 누리는 것도 좋다. 식물이 자라면서 아래로 처지는 가냘픈 잎들이 작은 바람에 흔들릴 때면 집 안이 숲속처럼 바뀐다. 유난히 수명이 긴 레이스 고사리는 평생 친구가 되어준다.

### 식물을 돌보는 법

빛 밝은 간접광을 좋아하는 식물로 직광을 쬐면 깃털 같은 잎들이 타들어 가고, 일조량이 부족하면 노랗게 시든다.

물 흙을 촉촉하게 유지하되 흠뻑 젖을 정도로 물을 주지 않는다. 흙이 너무 마르기 전에 물을 주어야 한다. 주기적으로 분무기로 뿌려주면 좋다.

---

*Tip.* 성장이 빠른 식물이라 뿌리가 화분에 꽉 차지 않도록 자주 상태를 확인하고 제때 분갈이를 해주어야 한다. 봄철에 잎을 원하는 길이로 가지치기한다.

*Tip.* 줄기가 아래로 향하게 두는 것보다 이
끼 기둥이나 지지대를 대고 올라가게 하면
잎의 크기가 더욱 커진다. 반짝이는 잎은
주기적으로 먼지를 닦아 주는 것이 좋다.

# 몬스테라 아단소니 Monkey mask monstera

*Monstera adansonii*

중앙아메리카와 남아메리카의 우림 지역이 원산지로 서인도 제도의 작은 섬 몇 곳에서도 자생한다. 잎에 난 구멍은 강한 바람에 견디고 식물 하부까지 빛을 전달하기 위한 용도다. 스위스 치즈 식물이라는 별명을 가진 몬스테라 델리시오사Monstera deliciosa의 친척뻘인 이 식물은 전체적으로 크기도 작고, 작은 잎 표면의 매끄러운 질감이나 반짝임도 덜하지만 잎에 난 구멍은 더 많다. 몬스테라 오블리쿠아라는 말을 듣고 샀다면 아마도 몬스테라 아단소니를 구매했을 확률이 높다. 몬스테라 오블리쿠아는 지금껏 야생에서 식물학자들에게 발견된 것이 통틀어 열일곱 번밖에 되지 않는다.

## 식물이 하는 일

회복 생장이 빠르고, 벽을 타고 올라가거나 아래로 늘어지는 모습이 아름다운 덩굴 식물로 실내 정글을 꾸미기에 최고다. 볼 때마다 새로운 잎 마디와 잎이 쑥쑥 생겨나는 것처럼 느껴질 정도로 자라는 속도가 빠르기 때문에 자주 돌보고 교감해야 한다. 지지대를 휘감거나 선반을 따라 올라가도록 하는 것이 좋고, 널찍한 장소로 자리를 옮겨주어도 된다. 이리저리 불규칙하게 성장하는 식물이라 방심할 틈을 주지 않는다. 낯설고 특이하게 생긴 잎은 마치 집이 아닌 먼 곳으로 떠나온 듯한 기분을 전해주어 일탈 욕구를 충족시킨다.

## 식물을 돌보는 법

빛 직사광선은 피해야 하지만, 더욱 빨리 자라게 하고 싶다면 밝은 장소를 택하는 것이 좋다.

물 흙이 바싹 말랐다 싶을 때 물을 주고 분무기로 잎에 물을 자주 뿌려주면 좋다. 절대로 아래에 물이 고이는 저면관수 방법으로 물을 주어서는 안 된다.

# 머니 트리 Money tree

*Pachira aquatica*

**Tip.** 식물이 시들해지면 빛이 부족하다는 뜻이지만, 잎에 노랗게 되면 빛이 과하다는 신호다.

원산지인 남아메리카와 중앙아메리카에서는 20미터 높이까지 크게 자란다. 강기슭이나 습지에서 자라는 이 나무에서는 노란 타원형의 꽃이 피고 그 안에 카카오빈과 비슷한 견과가 들어 있는데, 갈아서 음용할 수 있다. 풍수적으로 보면 손가락과 유사한 잎이 행운과 복을 잡는 동시에 머리를 땋은 것처럼 꼬인 줄기가 들어온 복을 가둔다고 한다. 전설에 따르면 가난한 농부가 밭에서 줄기가 꼬인 나무 한 그루를 발견했고, 이 나무를 열심히 기른 후 팔아서 큰돈을 벌었다고 한다. 그러나 사실 줄기가 꼬인 머니 트리는 세상에 등장한 지 몇십 년 되지 않았다. 1980년대 후반 대만의 한 남성이 머니 트리의 묘목 몇 그루의 줄기를 꼬았는데 그 상태 그대로 자랐다. 이런 형태의 머니 트리가 대만과 일본에서 큰 사랑을 받았고, 순식간에 전 세계로 퍼져갔다.

## 식물이 하는 일

회복 나무처럼 생긴 모습 덕분에 숲에 있는 듯한 느낌을 주며 자연과 함께하고 싶다는 진화적 본능을 일깨운다. 수평으로 뻗는 가지마다 사람의 손을 펼쳐놓은 것과 같은 잎이 달려 있어 우리의 눈길을 사로잡고, 싱그러운 초록색 잎이 기분을 전환해준다. 이리저리 꼬인 몸통까지 더해져 어느 곳에 시선을 두어도 바라보고 있으면 마음이 평온해진다.

호흡 공기 중 벤젠과 포름알데히드를 제거한다.

## 식물을 돌보는 법

빛 간접광이 가장 좋지만 반음지에서도 잘 자란다.

물 여름철에는 흙이 촉촉해야 하지만 물이 고일 정도로 주면 안 된다. 겨울철에는 흙이 마르면 물을 준다. 며칠에 한 번씩 분무기로 잎에 물을 뿌려주면 좋다.

# 렉스 베고니아 Painted-leaf begonia

*Begonia rex*

원산지인 인도에서는 어두운 잎에 은빛 무늬를 띠는 식물이었던 렉스 베고니아는 1850년대 서양으로 소개되며 실내 식물로 인기를 얻었다. 베고니아는 교배가 쉬워 재배종으로 각광받았다. 교배종만 해도 수백 종이고, 종마다 완전히 다른 식물로 자라는지라 품종의 수는 계속 늘어나고 있다. 렉스 베고니아로 유통되는 대다수가 매력적인 잎 무늬, 모양, 색을 내기 위해 만들어진 교배종이다. 베고니아과는 속씨식물의 가장 큰 과로 1,500종 이상의 식물이 속해 있다.

### 식물이 하는 일

회복 식물에 몰입할 때 우리에게 이로운 점이 아주 많은데, 렉스 베고니아를 가만히 바라보는 것만큼 식물의 세계에 흠뻑 빠지기 좋은 방법은 없다. 몽환적인 프랙털 패턴과 색감은 자연에 대한 경이로움에 취하게 만든다. 줄기로부터 시작해 잎으로 솟구치는 소용돌이무늬에 더불어 잎의 독특한 질감과 주름진 가장자리까지 매력 가득한 식물이다.

### 식물을 돌보는 법

**빛** 빛이 드는 그늘이 가장 좋다. 간접광도 괜찮지만 직사광선은 반드시 피해야 한다.

**물** 흙이 내내 촉촉한 상태를 유지하는 게 좋지만 겨울철에는 흙 겉면이 마르면 물을 준다. 베고니아가 습기를 좋아하지만 분무기로 물을 자주 뿌리면 잎에 곰팡이가 피기 쉽다. 습도를 높이고 싶다면 자갈 위에 올려두거나 다른 식물들과 함께 두어 공중 습도를 높인다.

*Tip.* 원산지는 강우량이 많은 지역인데, 빗물에는 무기염이 없다. 따라서 식물에 경수(칼슘이나 마그네슘 등의 염류가 다량 함유된 물-옮긴이)를 공급하면 증산이 활발한 잎의 가장자리에서 무기질을 토해내고 결국 잎의 끝이 타들어간다. 경수가 나오는 지역에 거주한다면 베고니아에 빗물이나 증류수를 줘야 한다.

# 칼라데아 오르나타 Pinstripe calathea

*Calathea ornata*

열대 아메리카에서 온 이 식물은 짙은 녹색의 무성한 잎에 열대새의 깃털을 닮은 밝은 초록색, 흰색, 아이보리, 핑크색 줄무늬가 새겨져 있다. 잎의 질감과 주름은 조화처럼 보여 처음 이 식물을 접한 사람들은 누구나 한 번씩 만져보게 된다. 잎의 뒷면이 자줏빛인 이 식물은 핑크색 줄무늬가 들어간 종의 경우 아래쪽 잎의 색깔이 흐려지며 은은한 크림색의 줄무늬로 변한다. 칼라데아의 잎은 크기가 크고 독성이 없어 과거 생선이나 밥을 싸는 용도로 쓰였다.

## 식물이 하는 일

회복 아름답고도 독특한 잎의 문양이 마음에 평온함을 불러온다. 대조적인 색감 배치와 대칭 무늬가 집중력을 사로잡아 잠시나마 머리를 식히게 해준다. 칼라데아에 속하는 다른 식물들과 마찬가지로 아침저녁으로 잎이 열렸다가 닫히며 우리와 생활 리듬을 함께한다.

호흡 공기 속 유해 VOCs을 제거하는 공기 정화 효과가 있다.

## 식물을 돌보는 법

빛 직사광선에 노출하면 잎이 순식간에 타버리기 때문에 반음지가 가장 좋다.

물 열대 지역 출신이라 흙을 항상 촉촉하게 유지해야 하지만 과습은 피해야 한다.

---

*Tip.* 마른 잎은 가지치기하고, 잎 끝이 누렇게 변하는지 잘 살핀다. 수돗물이 맞지 않는 경우 나타나는 현상이다. 빗물이나 하룻밤 받아 놓은 수돗물을 사용한다.

# 점무늬 베고니아 Polka dot begonia

*Begonia maculata*

*Tip.* 가는 대나무 같은 줄기가 똑바로 자랄 수 있도록 지지대를 세워주어야 한다. 다른 베고니아처럼 풍성하게 자라지 못하고 힘없이 늘어지면 가지치기를 해서 무성하게 키울 수 있다.

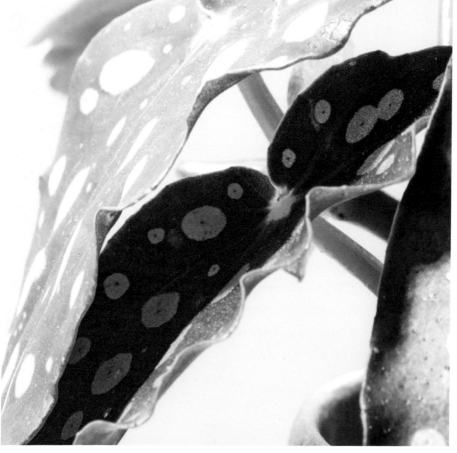

짙은 색의 잎에 하얀 점, 붉은 뒷면까지 점무늬 베고니아는 사람들의 시선을 단번에 사로잡는 매력이 있다. 1982년 브라질에서 한 이탈리아 연구원에게 처음 발견된, 비교적 신생 식물이다. 천사 날개 모양의 잎과 대나무 같이 길쭉한 줄기가 특징이며, 봄에서 가을 사이에 하얀 꽃이 무리지어 피어난다. 자연에서는 대칭적인 잎이 20센티미터까지 커지고 높이는 1.5미터까지 자란다. 실내에서 키워도 생장 속도는 빠르지만 자연에서만큼 크게 자라지는 못한다. 신발 디자이너 크리스찬 루부탱Christian Louboutin이 점무늬 베고니아의 잎 뒷면에서 영감을 얻어 빨간색 신발 밑창을 떠올렸다는 이야기가 있다.

## 식물이 하는 일

회복 자연의 경이로움을 온몸으로 표현하는 점무늬 베고니아는 어디서나 주목받는다. 나선형의 줄기에서부터 짙은 청록색에 하얀 점이 새겨진 잎이 솟아난 형태는 마치 어떤 것이 폭발하는 모습을 떠올리게 한다. 노골적으로까지 느껴지는 잎 뒷면의 붉은 색이 극적인 매력을 더한다. 이 식물이 지닌 가장 큰 마법은 바로 외관에서 나온다. 독특한 무늬를 보며 자연이 지닌 잠재력을 새삼 깨닫고, 인간의 내면에 자리한 가능성도 생각해보게 된다.

## 식물을 돌보는 법

빛 간접광이나 빛이 드는 그늘이 가장 좋다. 일조량이 과하면 잎의 무늬가 흐려진다.

물 봄부터 가을까지는 흙을 촉촉하게 유지하되 너무 습하면 뿌리가 썩는다. 겨울에는 흙의 겉면이 마르면 물을 준다. 베고니아는 습한 환경을 좋아하지만 잎에 분무기로 물을 뿌리면 곰팡이가 생기니 주의해야 한다.

# 마란타 Prayer plant

*Maranta leuconeura*

*Tip.* 저녁에 빛을 많이 받으면 식물의 사이클이 무너져 잎이 제대로 접히지 않고, 식물의 건강 상태에 문제가 될 수 있다.

브라질이 원산지인 이 식물의 이름
(기도하는 식물-옮긴이)은 기도할 때
손을 모으듯 잎이 위로 접히는 모양
에서 유래했다. 빗방울이 잎을 타고
뿌리까지 전달되도록 밤이 되면 잎을
닫는다는 것이 정설이다. 또한 잎이
너무 젖으면 박테리아가 생기기 때문
에 빗물을 차단하고, 기온이 떨어지
는 밤 동안 온도를 유지하려는 목적
도 있다. 야생에서는 하얗고 작은 꽃
을 피우지만 실내에서 키우는 마란
타는 꽃을 보기가 어렵다. 그러나 잎
의 아름다운 무늬와, 헤링본 플랜트
herringbone plant라고 불리는 품종에
서 보이는 밝은 핑크색 줄무늬는 꽃
의 빈자리를 가득 채우고도 남는다.
초록색 마란타의 경우 잎에 어두운
녹색 반점이 10개 새겨져 있어 '십계
명'으로도 불린다.

## 식물이 하는 일
회복 저녁이 되면 '잠들 준비를 하듯
이' 잎을 접는 모습이 마란타의 가장
큰 매력이다. 식물의 생체 시계와 빛
수용체의 반응인 이 운동은('주야 운
동'이라고 한다) 빛과 온도의 변화로
일어나는 현상으로, 식물의 생존에
무척 중요하다고 알려져 있다. 이 식
물과 함께한다면 스트레스로 인해 망
가지기 쉬운 서캐디안 리듬을 안정시
키는 데 큰 도움이 될 것이다.
호흡 사촌뻘인 칼라데아와 마찬가지
로 마란타도 공기를 정화하고 VOCs
를 제거하는 능력이 있다.

## 식물을 돌보는 법
빛 광도가 낮은 환경에서도 적응을 잘
하지만 너무 어두운 곳에서는 잎이
활짝 열리지 못한다. 직사광선을 쬐
면 잎이 타고 색과 문양이 희미해지
므로 피하는 것이 좋다.
물 물을 넉넉하게 주는 것이 좋다. 흙
을 항상 촉촉하게 유지하되 흠뻑 젖
을 정도는 위험하다. 실내 온도와 비
슷한 온도의 물을 좋아하고, 주기적
으로 분무기로 뿌려주면 좋다.

# 칼라데아 로세오픽타 Rose-painted calathea

*Calathea roseopicta*

남아메리카의 열대우림 지역에서 온 이 식물은 칼라데아 중에서도 가장 다채로운 잎을 자랑한다. 잎의 모양은 모두 동일하지만 품종마다 문양과 색감은 완전히 다르다. 칼라데아 로세오픽타 '도티Dotti'는 짙은 보라색 잎에 가장자리를 따라 핑크색 선이 들어가 있고, '로지Rosy'는 잎 가장자리는 짙은 녹색으로 테두리가 둘러져 있고 연한 초록색의 잎에 붓으로 슥 스친 듯 연한 핑크색이 오묘하게 섞여 있다. 칼라데아 가운데 뿌리에서 녹말을 채취해서 식용으로 사용하는 종도 있고, 왁스를 바른 듯한 재질의 내구성이 좋은 잎으로 방수 바구니를 만드는 식물도 있다.

수 있다. 화려한 잎은 마치 원산지인 열대우림 속에 있는 것만 같은 착각을 일으켜 누구나 바라는 정신적 탈출을 잠시나마 경험할 수 있다.

## 식물을 돌보는 법

빛 직사광선은 잎을 시들게 할 뿐 아니라 환상적인 무늬마저도 바래게 만든다. 빛이 드는 그늘이 가장 좋지만 너무 어두운 곳은 싫어하니 주의해야 한다.

물 적당하게 물을 주는 것이 가장 중요하다. 흙은 촉촉해야 하지만 너무 젖어 있어선 안 된다. 조금씩 자주 물을 주는 것이 가장 좋다.

## 식물이 하는 일

호흡 칼라데아가 모두 그렇듯 이 식물도 공기를 정화하는 효과가 있다.

회복 다양한 색감이 매력 포인트다. 한 공간에 칼라데아 품종 몇 개를 함께 두기만 해도 자연의 다양성을 체감할

*Tip.* 칼라데아는 습하고 따뜻한 환경에서 잘 자라는 식물이라 추운 장소를 피하고 분무기로 물을 자주 뿌려주는 것이 좋다(작은 가습기를 틀어주어도 된다).

# 칼라데아 오르비폴리아 Round-leaf calathea

*Calathea orbifolia*

볼리비아의 열대우림 지역에서 온 칼라데아 오르비폴리아는 300종이 넘는 재배종 가운데서도 길고 뾰족한 모양의 잎이 아닌 넓고 둥근 잎과 크기로 단연 돋보이는 품종이다. 다른 품종은 60~70센티미터인데 반해, 이 식물은 높이 1미터까지 자란다. 잎의 은청색 줄무늬와 담녹색을 띠는 잎 뒷면은 금속처럼 반짝인다. 식물 가운데서 돌돌 말린 형태로 올라온 새 잎이 점차 열리며 연녹색을 띠다가 시간이 지나면 다른 잎처럼 색이 진해진다. 칼라데아는 그리스어로 '바구니'라는 뜻으로, 원산지인 볼리비아 원주민들이 긴 잎을 이용해 바구니를 만든 데서 유래했다.

### 식물이 하는 일

회복 우리와 비슷한 생체 주기를 갖고 있어 낮과 밤의 빛 변화에 따라 잎과 줄기 사이의 엽침이 열렸다 닫혔다 움직인다. 아주 고요한 장소라면 잎이 움직이며 희미하게 바스락거리는 소리를 들을 수도 있다. 식물의 밝은 녹색이 싱그러운 기운을 전해준다.

호흡 칼라데아에 속한 식물은 모두 공기 정화 효과가 있어 집 안의 VOCs를 제거해준다.

### 식물을 돌보는 법

빛 중간 정도의 빛이 드는 곳이나 반음지가 좋고, 직사광선을 받으면 잎이 탄다.

물 주기적으로 물을 주어야 한다. 흙에 습기가 있는 정도를 유지하되 흙이 질척거리도록 흠뻑 젖어선 안 된다. 습기를 좋아하는 식물이라 분무기로 잎에 물을 자주 뿌려주어야 끝이 갈색으로 마르지 않는다.

---

*Tip.* 칼라데아는 빗물을 선호하고 수돗물은 잘 맞지 않는다. 잎의 가장자리가 갈변한다면 수돗물을 받아 하룻밤 동안 두면서 염소와 불소를 증발시킨 뒤 공급한다.

**회오리 선인장** Spiral cactus

*cereus forbesii spiralis*

실내 식물로 관심을 받은 지 얼마 되지 않는 이 식물은 1980년대 아주 값비싼 꺾꽂이 순으로 유럽에 들어온 후 복제와 교배를 거쳤다. 성장 속도가 느려 가격이 비교적 높은 편이지만 인내심을 발휘한다면 결실을 맺는다. 잘 돌보면 매력적인 보라색 꽃을 피운다. 처음에는 기둥처럼 나오다가 10센티미터 정도 자라면 나선형으로 변한다. 자연 서식지에서는 여러 개의 기둥이 나와 나뭇가지 모양의 촛대 모양으로 자란다.

### 식물이 하는 일

회복 선인장을 싫어하는 사람들조차도 자연이 만들어낸 가장 완벽한 프랙털 패턴에서 눈을 떼지 못할 것이다. 흥미롭게도 회오리가 위로 솟구치듯 나선형으로 자란 몸통 위에 가시가 완벽에 가까울 정도로 일정한 간격으로 올라온다. 인생의 여정을 상징하는 나선형은 세계 어느 문화에서나 찾아볼 수 있는 오래된 문양이다.

### 식물을 돌보는 법

빛 밝은 장소를 가장 좋아한다. 어느 정도 자라기 전에 직사광선에 노출시키면 선인장이 타버린다.

물 속흙까지 마르면 물을 주는데, 화분 받침에 고일 정도로 흠뻑 주면 뿌리가 썩으니 삼가야 한다.

*Tip.* 회오리 선인장은 습기를 싫어한다(욕실이나 김이 서릴 일이 많은 주방에 둘 식물이 아니다). 분갈이를 할 때는 선인장에 특화된 배수가 잘되는 흙을 써야 한다.

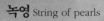 녹영 String of pearls

*Curio rowleyanus, Senecio rowleyanus*

서남아프리카의 건조한 지역이 원산지인 녹영은 다른 식물이 만든 그늘 아래나 바위틈의 음지에서 카펫처럼 땅에 붙어 넓게 펼쳐지는 형태로 자란다. 콩처럼 생긴 잎은 건조한 환경에 적응하기 위한 진화적 산물로 보고 있다. 수분을 최대한 저장하는 동시에 건조하고 뜨거운 공기의 노출면을 최소화할 수 있기 때문이다. 여름에는 시나몬 향이 나는 하얀 꽃을 피우기도 하지만 실내에서 자랄 때는 좀처럼 꽃을 보기 어렵다. 녹영은 최근 다른 식물 스무 종과 함께 Senecio 속에서 새로 생긴 Curio 속으로 바뀌었다. Curio는 라틴어의 호기심 많은(curiosus)에서 유래했다.

### 식물이 하는 일

회복 녹영은 손길과 관심을 필요로 하는 가장 변덕스러운 다육식물이다. 녹색 '콩알'을 건강하고 통통하게 키우기 위해서는 항시 섬세하게 관찰해야 한다. 식물과 소통해야만 성공할 수 있다. 뿌리부터 잎까지 습도를 체크하고 수분 균형을 유지하는 과정에서 인내심을 수련하고 인과 관계를 배울 수 있다. 꾸준한 노력과 정성을 들이면 식물은 통통한 '콩알'로 보상한다.

### 식물을 돌보는 법

빛 밝은 간접광이 가장 좋다. 직광을 받으면 연약한 '콩알'의 수분이 점점 빠져나간다.

물 흙이 완전히 말랐을 때 골고루 물을 충분히 주되 물이 고일 정도로 주지 않는다. 물을 주고 15분 후, 화분받침에 고인 물을 버린다. 한 번 충분히 물을 주면 2~3주는 버틸 수 있다. 동그랗던 콩알이 납작해지면 물이 부족하다는 뜻이다.

*Tip.* 추위를 타지 않도록 하는 것이 중요하고, 열린 창문 가까이에 두거나 기온 차가 심하면 '콩알'이 떨어진다.

**바닐라 난초** Vanilla Orchid

*Vanilla planifolia*

중앙아메리카와 멕시코가 원산지인 이 식물은 바닐라 향을 내는 꼬투리 때문에 귀한 대접을 받는다. 구하기가 쉽지 않고, 운좋게 하나 찾더라도 굉장히 비싸거나 크기가 아주 작을 것이다. 자연 서식지에서는 30미터까지 자라므로 집에서 키우려면 구조물이 따로 필요하다. 최근 자연재해와 더불어 재배에 품이 많이 들어가는 식물의 특성상 전 세계적으로 바닐라 플랜트에 대한 수요가 사상 최고치를 기록하고 있다. 바닐라는 재배, 수분, 수확의 모든 과정이 기계나 비료, 살충제의 사용 없이 오로지 사람 손으로 이루어지는 데다 안티박테리아 성분이 있고 예로부터 치통을 다스리는 데 효과가 좋아 사프란의 뒤를 이어 세계에서 가장 비싼 향신료 2위에 오른다. 난초과에는 2만여 종의 식물이 있지만 그중 식용 열매를 맺는 것은 바닐라 난초가 유일하다.

## 식물이 하는 일

**회복** 알맞은 빛과 수분이 중요하기 때문에 경험 없는 사람이 키우기 어려운 식물이다. 그러나 인내심과 침착함을 발휘해 잘 키워내면 성취감은 대단하다. 집에서 키우면서 꽃을 피우기란 굉장히 어렵지만, 꽃과 바닐라 꼬투리가 맺히지 않는다 해도 이 덩굴 식물의 멋진 자태는 관상용으로 훌륭하다.

## 식물을 돌보는 법

**빛** 적당히 밝은 곳 또는 그늘진 곳이 좋고 직광은 피해야 한다.
**물** 비교적 흙이 촉촉한 상태를 유지하는 것이 좋으나 어린 식물일 때는 뿌리가 썩기 쉬우니 물을 많이 주지 않도록 주의한다.

*Tip.* 두 살이 되면 꽃이 올라오도록 줄기 끝을 잘라준다.

# 칼라데아 네트워크 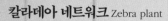 Zebra plant

*Calathea 'Network'*

*Tip.* 까다롭지 않은 품종이라 초보자들이 도전하기 가장 좋은 실내 식물이다. 물주기를 깜빡 잊어도 괜찮고, 잠깐 동안이라면 해가 많이 드는 창가에 두어도 큰 문제없다.

칼라데아 네트워크는 특이한 잎의 모양과 문양이 특징이다. 잎이 동그랗거나 아몬드 모양인 다른 칼라데아와는 다르게 끝이 뾰족한 쪽에 가깝고 가장자리는 꽃잎형을 띤다. 밝은 노란빛과 초록이 뒤섞인 잎 위에 복잡한 격자무늬가 새겨진 이 초록의 식물은 도무지 시선을 뗄 수 없게 만든다. 칼라데아 네트워크는 비교적 새로 등장한 품종으로 네덜란드의 아드리아누스 코넬리스 데커 Adrianus Cornelis Dekker가 주도한 계획 교배 프로그램으로 탄생했다. 그는 Calathea musaica에 속한 여러 식물을 선택해 미소대량증식법으로 안정화된 새로운 품종을 만들었고, 2009년 'PP0005'라는 이름으로 특허를 받았다.

## 식물이 하는 일

회복 특허로 등록된 이 칼라데아 품종은 독특한 잎 모양과 무늬가 돋보인다. 다른 칼라데아는 잎에 붓으로 칠한 듯 오묘한 색감이 나타나거나 대조적인 색의 줄무늬가 있는 반면 '네트워크'의 잎은 마치 아주 가는 펜으로 정성스럽게 그린 것 같은 정교한 격자무늬가 새겨져 있다. 불완전하면서도 예측 가능한 패턴을 보이는 무늬 덕분에 일상 속 수많은 일을 처리하느라 지쳤던 집중력을 회복하는 데 좋다. 식물의 프랙털 패턴에 집중하며 마음을 가다듬고 사색할 여유를 얻을 수 있다. 잎의 밝은 초록색은 기분을 전환하는 효과도 있다.

## 식물을 돌보는 법

빛 밝은 간접광이 좋고 직광은 피해야 한다.

물 칼라데아는 수질에 민감하다. 가능하다면 빗물이나 하룻밤 지난 수돗물을 쓰는 것이 좋다(이렇게 하면 수돗물 속 불소와 염소가 제거된다).

# 교
# 감

식물과 마음을 나누는 일

식물이 전해주는 최고의 효과는 우리의 기분을 전환해주고, 더욱 행복하고 침착하게 만들어준다는 점이다. 이 효과를 극대화하는 방법은 식물과 교감하고 교류하는 것이다. 이제부터 식물과의 교감, 그 첫 시작을 열어줄 몇 가지 방법을 살펴볼 예정이다. 새 반려식물을 들여 건강하게 키우면서 큰 보람을 느끼고 우리의 정신도 건강하게 지킬 수 있다. 번식력이 좋은 식물로 웰빙을 향상시키고 자기만의 정원도 풍성하게 가꾸어보자.

## 얼룩자주달개비 Wandering dude

*Tradescantia zebrina*

키우기도 쉽고 공기 정화 효과도 있으며 멋진 잎을 자랑하는 이 식물에 대해 가장 많이 나오는 불만은 줄기가 쉽게 꺾인다는 점이다. 아무리 조심해도 집에 데려와서 보면 줄기 몇 대가 부러져 있을 것이다. 그러나 번식력이 좋은 이유도 이런 줄기의 특성 덕분이다. 부러진 줄기를 심으면 새로운 얼룩자주달개비로 키울 수

있다.

성체에서 잘라낸 줄기는 뿌리를 쉽게 내린다. 날이 잘 선 깨끗한 가위나 칼로 마디(줄기에서 잎이 나는 부분) 위를 자른다. 마디가 보이지 않거나 부러진 줄기를 심는다면 새로 난 잎 아래로 깔끔하게 잘라낸다. 뿌리를 잘 내리기 위해선 10센티미터에서 15센티미터 정도가 필요하지만, 이보다 짧게 잘라도 그리 문제되지 않는다.

다육성 줄기인지라 물꽂이 번식이 적합하다. 컵이나 병에 미지근한 물을 채우고, 물에 넣었을 때 잠길 잎은 줄기에서 모두 떼어낸다(잎이 물 안에 잠기면 전체가 썩어버릴 수 있다). 온도가 너무 높아질 수 있으니 남향을 제외한 창턱에 올려놓고 주기적으로 물을 갈되 물높이는 항상 같게 유지한다. 1주에서 4주 사이에 하얗고 가느다란 뿌리를 보게 될 것이다. 뿌리가 약 5센티미터 정도 자라면 화분에 옮겨준다.

흙꽂이는 좀 더 수고롭지만 인내심을 기르고 싶은 사람에게는 최적의 프로젝트다. 촉촉하고 너무 질척거리지 않는 흙을 화분에 채운 뒤 옮겨심을 줄기의 끝에서 절반 정도까지 잎을 떼어낸다. 줄기를 화분에 심는다(서로 닿지 않게 띄어서 여러 대를 심어도 된다). 비닐 봉투를 씌운 뒤 화분 몸통에 고무줄을 끼워 봉투를 고정한다. 이렇게 하면 습도가 유지되어 몇 주간 물을 주지 않아도 된다. 뿌리가 나오는 것을 확인할 수 있는 물꽂이와 달리 흙꽂이는 그저 기다려야 한다. 한 달 정도 지나 식물이 자라는 것이 보이면 비닐 봉투를 제거하고 필요에 따라 분갈이를 한다.

## 중국 돈나무 Chinese money plant
*Pilea peperomioides*

중국 돈나무는 식물 세계에서 단연 슈퍼스타다. 공기를 정화하는 효과는 물론, 담녹색의 동그란 잎들이 기분을 좋게 해줄 뿐 아니라 번식력도 좋기 때문이다. 성체의 뿌리에서 새

끼 식물인 자구가 마구잡이로 올라 오는 식물이다. 보통 한 번에 여러 개가 올라오기 때문에 새 화분을 만 들 기회가 충분히 있다. 그러나 모체 곁에 오래 둘수록 혼자서도 생존해 건강한 식물로 자랄 확률이 높아지 므로 인내심을 조금 발휘해야 한다.

자구가 5에서 10센티미터까지 자랄 때까지 기다린다. 어린 식물을 분갈 이하기에 가장 좋은 때는 봄이라는 점도 명심해야 한다. 그래야 성장철 에 맞춰 잘 자랄 수 있다. 자구 주변 의 흙 속으로 조심스럽게 손가락을 집어넣으면 모체에 붙어서 살짝 부 풀어 오른 뿌리줄기가 만져질 것이 다. 보통 흙 아래 2.5센티미터 되는 지점이다. 흙을 조금 덜어내어 자구 의 뿌리를 충분히 확보한 후 날카로 운 칼로 말끔히 잘라낸다(여러 개의 자구를 분리할 경우 이참에 모체도 분갈 이를 하는 것도 좋다. 그러면 모체와 자구 의 뿌리가 어떻게 얽혀 있는지 눈으로 확

인할 수 있다). 분리한 자구를 배수가 잘되는 흙에 옮겨 심거나 물을 채운 컵이나 병에 담근 후 뿌리가 5센티미 터 정도로 자랄 때까지 기다린다. 이 때 자구의 잎이 물에 닿지 않도록 주 의하고, 주기적으로 물을 갈아주는 것도 잊지 말아야 한다. 5센티미터 이상까지 뿌리가 자라게 둔다면 흙 에 옮겨 심은 후 적응하지 못한다.

자구는 밝은 간접광이 드는 곳에 보 관하는데, 혹여 잎이 한, 두 개 떨어 져도 크게 염려할 필요가 없다. 다른 곳으로 옮겨진 식물은 스트레스를 받게 마련이다. 새 잎이 올라오면 번 식이 성공했다는 신호로, 친구와 가 족에게 선물해도 좋다.

# 식물 키우기는 곧 자신을 돌보는 일

집에 식물을 기르는 것은 자연과 연결되는 훌륭한 방법으로, 식물과 교감하는 시간을 따로 마련한다면 최고의 마음챙김 활동이 된다.

## 식물에게서 배운다

근본적으로 식물은 현재의 순간을 산다. 주변의 빛, 물, 공기, 온도에 즉각적이고도 순수하게 반응하고, 이런 자원들을 활용해 적응하고 성장한다. 자신이 키우는 식물을 음미하는 시간을 마련하길 바란다. 생장 습성을 관찰하고, 잎과 줄기가 발하는 색깔과 질감, 무늬를 느끼고 향을 맡는다.

## 새로운 성장을 축하한다

건강하게 성장하는 모습을 시시각각 두 눈으로 지켜보는 것은 대단히 강렬한 경험이다. 신록의 잎이 나오고, 아름다운 꽃이 피고, 흙에서 어린 식물이 올라오는 등 식물의 새로운 성장을 관찰하고 식물 일지를 기록하는 활동은 식물의 건강 상태를 확인하는 훌륭한 방법일 뿐 아니라 우리에게도 새로운 활력을 불어넣어 준다.

## 식물의 이야기를 찾아본다

자신이 키우는 식물의 역사를 공부하는 일은 세계 곳곳을 둘러보며 혼자만의 조용한 시간을 누리기 좋은 활동이다. 식물의 원산지를 찾아보고 자생지의 환경을 상상하며 잠시나마 일상에서 벗어나 먼 곳으로 여행하는 기분을 느낄 수 있다. 또한 새로운 관점에서 식물의 욕구를 이해하는 계기가 되기도 한다. 식물의 원산지가 열대우림 깊은 곳이라는 것을 배우고 나면 햇볕이 내리쬐는 남향의 창가에 두어선 안 되는 이유도 알게 된다. 실내 식물 대다수가 생물 다양성이 풍부한 열대우림 지역, 정글, 사막 지대에서 유래한 바, 자신의 집안 곳곳에 세계 각국의 커뮤니티가 함께하고 있음을 깨닫게 되고, 이런 자각을 통해 소속감과 연결감을 느낄 수 있다.

이제부터 해볼 활동은 자기 돌봄과 식물 돌봄을 결합해 두 마리 토끼를 모두 잡는 것이 목표다. 단순한 아이디어이지만 대단한 효력을 발휘한다.

먼저 식물을 하나 고른다. 무엇이든 좋으나, 이 활동의 의도를 생각해보면 방치해도 잘 살아남는 사막 식물은 피해야 한다.

물을 얼마나 주어야 하는지, 분무기로 잎에 물을 뿌리는 것을 좋아하는지 등 식물에게 어떤 환경과 조건이 필요한지 파악한다. 또한 식물이 건강하지 않을 때 보이는 신호도 살핀다. 잎이 누렇게 시들거나 바싹 말라가는가? 불편하거나 불만족스러워 보이는 부분은 없는가? 관심과 돌봄이 조금 더 필요한 상태인가?

식물을 잘 돌보는 데 필요한 사항을 짤막하게 기록한다. 이를테면, 식물의 생명을 유지하기 위해 주기적으로 해야 할 것 두 가지와 식물을 더욱 건강하게 키우기 위해 추가로 할 일 하나를 기록하는 것이다.

이제, 자신을 좀 더 잘 돌보기 위해 할 수 있는 일이 무엇인지 생각해본다. 떠오르는 것이 끝도 없이 많을 테고, 무엇을 선택하는지는 개인의 우선사항에 따라 다르겠지만 몇 가지 아이디어를 추천해보면 다음과 같다. 규칙적인 운동, 명상, 건강한 식습관, 자연에서 시간 보내기.

식물 돌봄에서 했듯이 자기 돌봄에 필요한 일 세 가지를 기록한다. 삶의 건강한 균형을 위해 정기적으로 해야 할 일 두 가지와 좀더 에너지를 얻기 위해 할 수 있는 일 한 가지를 정하면 된다.

이제 자기 돌봄과 식물 돌봄을 위해 적은 세 가지 사항을 천천히 살펴본다. 자기 자신과 식물의 건강한 라이프 스타일에 중요한 일임을 새기며 마음을 다진다. 이제 식물 돌봄에 필요한 한 가지와 자기 돌봄에 필요한 한 가지를 연계한다. 다시 말해, 하나를 수행할 때는 다른 하나도 수행한다는 의미다. 가령, 일주일에 두 번씩 운동을 하겠다고 다짐했다면 이를 식물에 물 주기와 하나로 묶어 운동을 마친 다음에 물을 주는 것으로 정하는 식이다. 자신의 목표와 식물의 욕구가 서로 부합하는지 고려하며 다른 두 가지 사항도 짝을 정한다.

"자기 돌봄과 식물 돌봄을 결합해
두 마리 토끼를 모두 잡는다."

자신의 상태가 어떠한지, 그리고 자신이 세운 목표를 얼마나 잘 수행하고 있는지 쉽게 확인할 수 있는 방법이다. 간단히 말해, 식물이 행복하고 건강해 보인다면 당신도 그럴 확률이 높고, 식물이 시들해지거나 심각한 경우 죽기 직전이라면 당신의 삶도 균형을 잃고 있다는 뜻이다. 다시 나를 돌보는 데 더욱 시간과 에너지를 들여야 한다.

식물 키우기는 자신을 돌보는 습관을 내면화하는 데 가장 좋은 훈련 방법이다.

Bion, W. R. (1962a). A theory of thinking, *International Journal of Psycho-Analysis*, vol. 43: Reprintedin *Second Thoughts* (1967)

Wilson, E. O. (1984) *Biophilia*. Harvard University Press, Cambridge, MA

Bowlby, J. (1982). *Loss: sadness and depression*. NY: Basic Book Publishers

Dawkins, R. 1989. *The Selfish Gene*. 2nd ed. Oxford: Oxford University Press

Louv, R. (2008) *Last child in the woods: Saving our children from nature-deficit disorder*. Algonquin Books, New York, NY

Descartes, R. (1641) *Meditations on First Philosophy*, in *The Philosophical Writings of René Descartes*, trans. by J. Cottingham, R. Stoothoff and D. Murdoch, Cambridge: Cambridge University Press, 1984, vol. 2, pp. 1-62

Weinstein, N.; Balmford, A. and Dehaan, C.R.; Gladwell, V.; Bradbury, R.B.; Amano, T. *Seeing community for the trees: The links among contact with natural environments, community cohesion, and crime*. Bioscience 2015, 65, 1141–1153

Bervaes, J. C. A. M., Vreke, J., 2004.*The effect of greenery on water and residential selling prices. Alterra report* 959. WUR-Alterra, Wageningen

Lohr, V.I. 1992. *The contribution of interior plants to relative humidity in an office*. pp.117-119. In: D. Relf (ed.), *The Role of Horticulture in Human Well-being and Social Development*. Timber Press, Portland, Oregon

Wolverton, B.C., Johnson, A. and Bounds, K. 1989. *Interior landscape plants for indoor air pollution abatement*. Final report: Plants for clear air. NASA, Stennis Space Center, Miss

Schmitz H. 1995. *Bakterielle und pflanzliche Entgiftungsmechanismen fuXr Formaldehyd und Nikotin unter besonderer Beruscksichtigung kooperativer Abbauprozesse in der Rhizosphasre von Epipremnum aureum und Ficus benjamina*. PhD thesis, University of Koln, Germany

Wood R.A., Burchett M.A., Alquezar R., Orwell R.L., Tarran J., Torpy F. *The potted-plant microcosm substantially reduces indoor air VOC pollution: 1. Office field-study. Water Air Soil Pollut*. 2006;175:163–80

Cuming, B., and Waring, M. (2019) *Potted plants do not improve indoor air quality: a review and analysis of reported VOC removal efficiencies. Journal of Exposure Science and environmental Epidemology*

Maher, B.A., Ahmed, I.A.M., Davison, B., Karloukovski, V. and Clarke, R.. *Impact of Roadside Tree Lines on Indoor Concentrations of Traffic-Derived Particulate Matter; Environmental Science and Technology* 2013 47 (23), 13737-13744

Fjeld, T. (2000) *The effect of interior planting on health and discomfort among workers and school children. HortTechnology,* 10, 46–52

Sawada, A. and Oyabu, T. (2010) *Healing Effects of Foliage Plants Using Physiological and Psychological Characteristics.* Sensors and Materials, 22:7, 387–396

Ulrich, R.S. 1984. *View through a window may influence recovery from surgery.* Science 224:420–421

Lohr, V.I. and C.H. Pearson-Mims. 2000. *Physical discomfort may be reduced in the presence of interior plants. HortTechnology* 10(1):53-58

Ulrich, R.S., Simons R.F., Losito B.D., Fiorito E., Miles M.A., and Zelson M. 1991. *Stress recovery during exposure to natural and urban environments.* J. Environ. Psychology 11: 201-230

Daly, J., Burchett, M., and Torpy, F. (2010). *Plants in the classroom can improve student performance.* Sydney: University of Technology. Retrieved from www.wolvertonenvironmental.com/Plants- Classroom.pdf

Ulrich, R.S. (2004). *The impact on flowers and plants on workplace productivity.* Paper presented at the annual Seeley Conference at Cornell University, Ithaca, NY

Dravigne, A., Waliczek, T.M., Lineberger, R.D. and Zajicek, J.M. 2008. *The effect of live plants and window views of green spaces on perceptions of job satisfaction.* HortSci. 43:183-187

Balling, J.D. and Falk, J.H. 1982. *Development of visual preference for natural environments.* Environ. Behavior 14:5-28

Kaufman, A. and Lohr, V. (2004) *Does plant color affect emotional and physiological responses to landscapes?* Acta Horticulturae, 639, 229–233

Fuller, R.A., Irvine, K.N., Devine- Wright, P., Warren, P.H. and Gaston, 10. Wolverton, B.C., Johnson, A. and Bounds, K. 1989. *Interior landscape plants for indoor air pollution abatement.* Final report: Plants for clear air. NASA, Stennis Space Center, Miss

Kaplan, R. and Kaplan, S., 1989. *The experience of nature: a psychological perspective*. Cambridge University Press, Cambridge

Wise, J.A. and Taylor, R.P. 2002. *Fractal design strategies for enhancement of knowledge work environments*. Proc. 46th Meeting Human Factors and Ergonomics Soc., Santa Monica, CA. p. 854-859

Hagerhall, C.M., Pursell, T. and Taylor, R. 2004. *Fractal dimension of landscape silhouette outlines as a predictor of landscape preference*. J. Environ. Psychol. 24:247-255

Sempik J., Aldridge J. and Becker S. *Social and Therapeutic Horticulture: Evidence and Messages from Research*. Loughborough University; Reading, UK: 2003

Lewis, C.A., 1996. *Green nature/ human nature: the meaning of plants in our lives*. University of Illinois Press, Urbana

Winnicot, D. W. (1962a). *Ego integration in the child development*. In the *Maturational Process and the Facilitating Environment*, pp.37-55. New York International Universities Press

Erikson, E. H. (1950). *Childhood and Society.* New York: Norton

Fjeld, T., Veiersted, B., Sandvik, L., et al., 2002. *The effect of indoor foliage plants on health and discomfort symptoms among office workers. Indoor and Built Environment,* 7 (4), 204-206.

Kaplan, S., 1992. The restorative environment: nature and human experience. In: Relf, D. ed. *The role of horticulture in human well-being and social development: a national symposium,* 19-21 April 1990, Arlington, Virginia. Timber Press, Portland, 134-142.

Kellert, S.R. and Wilson, E.O. (Eds.) (1993). *The Biophilia Hypothesis.* Washington, D.C.: Island Press.

Lohr, V.I., Pearson-Mims, C.H. and Goodwin, G.K., 1996. *Interior plants may improve worker productivity and reduce stress in windowless environments. Journal of Environmental Horticulture,* 14 (2), 97-100.

Lucas, P.W., Darvell, B.W., Lee, P.K.D., Yuen, T.D.B. and Choog, M.F. 1998. *Colour cues for leaf food selection by long-tailed macaques (Macaca fascicularis) with a new suggestion for the evolution of trichromatic colour vision.* Folia Primatol. 69:139-152.

Ingrosso, G. (2002). *Free radical chemistry and its concern with indoor air quality: An open problem, Microchemical Journal.* 73: 221-236.

Kaplan, S. (1995). *The restorative benefits of nature: toward an integrative framework. Jour-*

*nal of Environmental Psychology,* 15, 169-182.

Gibson, J. J. (1979). *The ecological approach to visual perception.* Boston: Houghton-Mifflin.

Appleton, J.H. 1975. *The experience of landscape.* John Wiley, New York. U.S. Environmental Protection Agency. 1989. *Report to Congress on indoor air quality: Volume 2.* EPA/400/1-89/001C. Washington, DC.

Collins, C.C. and O'Callaghan, A.M. 2008. *The impact of horticultural responsibility on health indicators and quality of life in assisted living.* HortTechnol. 18:611-618.

Lezak, M. D. (1982). *The problem of assessing executive functions. International Journal of Psychology.* 17, 281-297.

Suh, H.H., Bahadori, T., Vallarino, J., Spengler, J.D. (2000). *Criteria air pollutants and toxic air pollutants, Environmental Health Perspectives,* 108, 625-633.

Yang, D.S., Pennisi, S.V., Son, K.-C., Kays, S.J., 2009. *Screening indoor plants for volatile organic pollutant removal efficiency.* HortScience 44, 1377-1381.

Li, Q., (2018). *Shinrin Yoku,* Penguin Random House, London.

Wolfe, M. K., Mennis, J., 2012. Does vegetation encourage or suppress urban crime? Evidence from Philadelphia, PA. Landscape and Urban Planning 108 (2-4): 112-122.

Lohr, V. I., (2010) What are the benefits of plants indoors and why do we respond positiviely to them? Acta Horticulturae 881(2): 675-682.

Lohr, V. and Pearson-Mims, C. (2000) Physical discomfort may be reduced in the presence of interior plants. International Human Issues in Horticulture, 10, 53–59.

Lohr, V., Pearson-Mims, C. and Goodwin, G. (1996) Interior plants may improve worker productivity and reduce stress in a windowless environment. Journal of Environmental Horticulture, 14, 97–100.

Louv, R. (2008) Last child in the woods: Saving our children from nature-deficit disorder. Algonquin Books, New York, NY.

Lewis, C. (1996) Green Nature/Human Nature: The Meaning of Plants in Our Lives. University of Illinois Press, Urbana, Chicago.

Fjeld, T., Veiersted, B., Sandvik, L., Riise, G. and Levy, F. (1998) The effect of indoor foliage plants on health and discomfort symptoms among office workers. Indoor and Built Environment, 7, 204–209.

불안, 우울증, 불면증으로부터 마음을 회복하는 힘

# 식물이 위로가 될 때

**초판 1쇄 발행** 2021년 6월 30일

**지은이** 케이티 쿠퍼
**옮긴이** 신솔잎

**책임편집** 이가영
**교정교열** 최보배
**디자인** Aleph design

**펴낸이** 최현준·김소영
**펴낸곳** 빌리버튼
**출판등록** 제 2016-000166호
**주소** 서울시 마포구 월드컵로 10길 28, 202호
**전화** 02-338-9271 ι **팩스** 02-338-9272
**메일** contents@billybutton.co.kr

ISBN 979-11-91228-59-5 03180